广东省金属基复合材料产业技术路线图

主　编　郑开宏
副主编　高义民　王　娟

华南理工大学出版社
·广州·

内容简介

技术路线图作为一种技术创新、管理创新的战略集成规划工具，遵循科学规律和科学方法，在产业层面上使用，强调"市场拉动"作用，对产业和技术的发展具有巨大的推动作用。

中国的金属基复合材料产业建设还处于孵化阶段，与国际工业发达国家相比还存在较大差距，如何推动广东省的金属基复合材料的市场应用，乃至产业化、规模化发展，是本技术路线图需要回答的问题。

本书基于广东省金属基复合材料产业的现状，系统分析了产业链的构成，以及金属基复合材料在航天航空、汽车、轨道交通、电工、电子、采矿、冶金、水泥、电力等市场的应用状况；分析了市场需求，确定了产业目标；识别了技术壁垒；对研发需求进行系统优先排序，提出了符合广东实际的金属基复合材料产业技术发展模式；对政府、高校、科研院所和企业的产业政策制定、产业技术研究、产业开发具有指导意义。

图书在版编目（CIP）数据

广东省金属基复合材料产业技术路线图/郑开宏主编. —广州：华南理工大学出版社，2018.12

ISBN 978 – 7 – 5623 – 5534 – 2

Ⅰ. ①广… Ⅱ. ①郑… Ⅲ. ①金属基复合材料 – 材料工业 – 产业发展 – 研究 – 广东 Ⅳ. ①F426.32

中国版本图书馆 CIP 数据核字（2017）第 326050 号

广东省金属基复合材料产业技术路线图

郑开宏　主编

出 版 人：卢家明
出版发行：华南理工大学出版社
　　　　　（广州五山华南理工大学17号楼，邮编510640）
　　　　　http：//www.scutpress.com.cn　E-mail：scutc13@ scut.edu.cn
　　　　　营销部电话：020 – 87113487　87111048（传真）
责任编辑：吴翠微
印 刷 者：广州一龙印刷有限公司
开　　本：787mm×1092mm　1/16　印张：11　插页：1　字数：169千
版　　次：2018年12月第1版　2018年12月第1次印刷
定　　价：48.00元

版权所有　盗版必究　　印装差错　负责调换

编写委员会

主　编： 郑开宏

副主编： 高义民　王　娟

参　编：（按姓氏笔画为序）

　　　　　王海艳　邓　超　甘春雷　龙　骏　冯　波

　　　　　闫志巧　罗铁钢　周　楠　郑志斌　林颖菲

　　　　　徐　静　董晓蓉　路建宁　黎小辉

前　言

金属基复合材料兼具各组分材料性能特征，通过复合效应获得原组分所不具备的新性能，是典型的高新技术材料，是21世纪最具发展潜力的高性能材料之一，在航天航空、汽车、轨道交通、电工、电子、采矿、冶金、水泥、电力等领域具有广阔的应用前景。国务院发布的"《中国制造2025》重点领域技术路线图"、各级地方政府新材料规划对高性能金属基复合材料提出了明确的需求及发展布局。

广东省金属基复合材料的产业发展仍在起步阶段，部分方向发展势头良好，其中耐磨钢铁基复合材料与高强高导铜基复合材料已实现规模产业化。然而，由于金属基复合材料制备技术相对困难和复杂，大部分金属基复合材料发展相当缓慢，主要体现在：制备工艺不成熟、材料性能不稳定，以及由此导致的成本高，不能大批量供应，尤其是难以大规模商业化应用。

为了推动广东省金属基复合材料产业的发展，在广东省科技厅支持下，由广东省材料与加工研究所牵头，建立广东省金属基复合材料产学研创新联盟，承担《广东省金属基复合材料产业技术路线图》的制定工作。技术路线图工作组在收集和整理了200余份专家调研问卷的基础上，邀请了政府机关、高校、科研院所、企业及相关协会的国内知名金属基复合材料管理专家和技术专家，分别在广州、佛山、清远召开大型研讨会，按照产业技术路线图制定的原理和方法，遵循"市场需求—产业目标—技术壁垒—研发需求"路线，对广东省金属基复合材料产业进行系统全面分析，确立广东省金属基复合材料产业目标，识别符合广东省实际的金属基复合材料技术发展模式。

本书共分为9章。第1章介绍了金属基复合材料产业技术背景。对比了国内外金属基复合材料产业进展，明确了广东省金属基复合材料产业范围和边界，提出了广东省金属基复合材料产业的愿景和目标。第 2 章介绍了广东省金属基复合材料产业的市场需求。通过分析国内外及广东省金属基复合材料应用市场和发展趋势，筛选出金属基复合材料的市场需求，运用德尔菲法和头脑风暴法，确定广东省金属基复合材料产业市场需求要素。第 3 章介绍了广东省金属基复合材料的产业目标。以广东省金属基复合材料产业市场需求要素为基础，构建分析矩阵，得出广东省金属基复合材料产业在市场拉动下需要优先实现的产业目标，指明广东省金属基复合材料产业的近期、中期和长期方向。第 4 章剖析国内及广东省金属基复合材料产业的知识产权，为掌握我国金属基复合材料产业发展趋势及驱动力，明确产业发展定位，识别未来市场的产业需求方面提供有用的竞争情报。第 5、6、7 和 8 章分别对金属基复合材料的典型代表——钢铁基复合材料、铝/镁基复合材料、铜基复合材料和钛基复合材料的技术现状、技术壁垒和研发需求进行分析，明确了顶级研发项目。第 9 章，综合对市场需求、产业目标、技术壁垒和研发需求的分析，形成广东省金属基复合材料产业技术路线图综合版。

希望本书能为我国从事金属基复合材料产业有关的政府部门、行业组织及高校、科研院所和企业界科技工作者等提供参考。

目 录

1 制定广东省金属基复合材料产业技术路线图的背景 ······ 1
  1.1 我国的金属基复合材料产业 ······ 1
  1.2 国内外产业的对比 ······ 2
  1.3 广东省金属基复合材料产业现状与 SWOT 分析 ······ 4
  1.4 任务和愿景 ······ 5
  1.5 广东省金属基复合材料产业范围和边界 ······ 6
  1.6 产业技术路线图制定过程和方法 ······ 7
    1.6.1 基本流程 ······ 7
    1.6.2 制定方法 ······ 10

2 广东省金属基复合材料产业的市场需求 ······ 13
  2.1 金属基复合材料的应用市场分析 ······ 13
    2.1.1 航空航天 ······ 13
    2.1.2 汽车、轨道交通 ······ 15
    2.1.3 采矿、冶金、水泥、电力 ······ 17
    2.1.4 电工、电子 ······ 19
  2.2 广东省金属基复合材料的市场需求要素 ······ 21

3 广东省金属基复合材料的产业目标 ······ 23
  3.1 广东省金属基复合材料的产业目标要素 ······ 23
  3.2 广东省金属基复合材料产业的绩效目标 ······ 25

4 我国金属基复合材料产业的知识产权分析·················27
4.1 数据来源·················27
4.2 颗粒增强金属基复合材料的国内专利概况·················28
4.2.1 申请量趋势分析·················28
4.2.2 专利地域分布分析·················29
4.2.3 专利权人分析·················30
4.2.4 专利技术领域特征分析·················32
4.3 广东省颗粒增强金属基复合材料产业知识产权状况·················40
4.3.1 专利权人分析·················40
4.3.2 专利法律状态分析·················41
4.3.3 专利技术特征分析·················43

5 钢铁基复合材料·················45
5.1 概述·················45
5.2 技术现状分析·················46
5.2.1 颗粒增强钢铁基复合材料的制备技术·················46
5.2.2 非氧化物陶瓷颗粒增强钢铁基复合材料·················48
5.2.3 氧化物陶瓷颗粒增强钢铁基复合材料·················51
5.3 技术壁垒分析·················54
5.4 研发需求分析·················56
5.5 研发项目描述·················57

6 铝/镁基复合材料·················63
6.1 概述·················63
6.2 技术现状分析·················64
6.2.1 颗粒增强铝/镁基复合材料的制备技术·················65
6.2.2 颗粒增强铝/镁基复合材料的后续加工及处理技术·················88

6.2.3　颗粒增强铝/镁基复合材料的连接技术 …………………………… 93
　6.3　技术壁垒分析 ………………………………………………………………… 95
　6.4　研发需求分析 ………………………………………………………………… 98
　6.5　研发项目描述 ………………………………………………………………… 100

7　铜基复合材料 …………………………………………………………………… 110
　7.1　概述 …………………………………………………………………………… 110
　7.2　技术现状分析 ………………………………………………………………… 111
　　　7.2.1　颗粒增强铜基复合材料增强相的选择 ………………………………… 112
　　　7.2.2　颗粒增强铜基复合材料的制备技术 …………………………………… 114
　　　7.2.3　颗粒增强铜基复合材料的后续加工技术 ……………………………… 116
　　　7.2.4　颗粒增强铜基复合材料的应用 ………………………………………… 119
　7.3　技术壁垒分析 ………………………………………………………………… 122
　7.4　研发需求分析 ………………………………………………………………… 124
　7.5　研发项目描述 ………………………………………………………………… 125

8　钛基复合材料 …………………………………………………………………… 130
　8.1　概述 …………………………………………………………………………… 130
　8.2　技术现状分析 ………………………………………………………………… 131
　　　8.2.1　非连续增强钛基复合材料增强体与钛基体的选择 ……… 132
　　　8.2.2　非连续增强钛基复合材料的制备技术 ………………………………… 134
　　　8.2.3　非连续增强钛基复合材料的后续加工技术 …………………………… 136
　　　8.2.4　非连续增强钛基复合材料的应用 ……………………………………… 143
　8.3　技术壁垒分析 ………………………………………………………………… 145
　8.4　共性技术壁垒 ………………………………………………………………… 146
　8.5　研发需求分析 ………………………………………………………………… 148
　8.6　研发项目描述 ………………………………………………………………… 148

9 广东省金属基复合材料产业技术路线图（综合版） ········· 154
9.1 广东省金属基复合材料产业分领域技术路线图 ········· 154
9.2 广东省金属基复合材料产业链技术路线图 ············· 157

附录1 参与本路线图制定工作的专家 ························· 160
附录2 广东省金属基复合材料产业技术创新联盟简介 ········· 161
附录3 广东省材料与加工研究所简介 ························· 162
致谢 ·· 163

1 制定广东省金属基复合材料产业技术路线图的背景

1.1 我国的金属基复合材料产业

目前,金属基复合材料的应用广度、生产发展的速度和规模,已成为衡量一个国家材料科技水平的重要标志之一。以用量计算,美国、欧洲、日本是位列前三的金属基复合材料消费大国和地区,超过 2/3 的金属基复合材料为其所用,这与它们作为发达国家和地区的地位相符。我国尚未形成全面的金属基复合材料产业及行业标准与军用标准,仅少数研制单位具有小批量的配套能力。虽然我国的金属基复合材料产业品种、规格单一,但仍然为我国国防和军工建设提供了有力的支撑。

轻质高强多功能金属基复合材料在航天、航空、国防先进武器等军事领域的应用具有不可替代性,是典型的军民两用新材料。也正是由于金属基复合材料特殊的国防应用背景,国外对核心技术和产品严格保密。随着我国在空间技术、航天航空、高速交通、通讯电子等领域的综合实力的提升,对高性能金属基复合材料的需求日益增加,例如汽车发动机零部件、高速列车制动系统、电子封装及核废料辐射防护等。近年来,瞄准中国的金属基复合材料巨大的市场空间,西方一些金属基复合材料公司在中国建立了若干合资或独资企业,但是并没有也不可能转移相关技术。为了避免受制于人,必须尽快提升我国自主的金属基复合材料生产和应用水平。

金属基复合材料的应用是一项系统工程,包括原材料开发、制备技术与设备、复合材料研制、材料标准化、材料成本控制、材料加工、材料表面处理、材料的焊接以及结构设计师对金属基复合材料的认知程度、社会保障机制等,在这些系统性环节中,我国的研发能力是优越的,但其他工业环节十分薄弱，金属基复合材料评价体系、标准等软环境，还有相关精密加工、焊接、成形等后续关联技术目前开展得很少，不能支撑金属基复合材料大范围应用。目前，我国金属基复合材料还处于分散经营、各自为政的状态，大部分的金属基复合材料产品研发阶段为初试和中试阶段，只能满足小批量配套供应。

1.2 国内外产业的对比

据 BCC Research[①] 的数据显示，预计 2020 年全球轻金属基复合材料产量为 8859 吨，规模为 43.1 千万美元，年复增长率保持在 5.8%，市场主要分布在亚太、北美、欧洲等地区。近年来受全球经济危机及世界各国经济发展进程不同的影响，全球金属基复合材料市场结构正在逐步发生变化，美、日、欧等发达国家和地区金属基复合材料市场相对饱和，增速较为缓慢，而亚太地区长期以来人均复合材料消费水平较低，市场潜力巨大，因此保持稳定增长。目前，亚太地区是全球产能占比最大的地区，占全球总产能 1/3。根据应用领域不同，金属基复合材料市场可细分为陆上运输、电子/热控、航空航天、工业、消费产品等 5 个部分，其中，陆上运输（包括汽车和轨道车辆）和高附加值散热组件仍是金属基复合材料的主市场，用量占比分别超过 60% 和 30%。

国外的金属基复合材料的研究与开发始于 20 世纪 50 年代，制备技术成熟，主要在航空航天领域有较大范围的应用，在汽车、热控、电子、医疗等其他方面，金属基复合材料也取代了部分传统金属，用于高端产品中。20 世纪 80 年代，金属基复合材料迅速发展，西方发达国家开始注重颗粒增强金属基复合材料的开发。美国著名的武器制造公司洛克希德·马丁公司开发将碳化硅增强铝基复合材料作为飞机上承放电子设备的支架来使用。在美国国防部"Title"项目的支持下，洛克希德·马丁公司和

---

① https://www.bccresearch.com/market-research/advanced-materials/metal-matrix-composites-market-report.html.

DWA 复合材料公司及空军军方合作，将 SiC_p/Al 复合材料大胆尝试用作 F-16 战斗机的腹鳍材料，其刚度比 7075 合金提高了 65%，有效保证了飞行安全性。20 世纪 90 年代末，开始尝试将 SiC_p/Al 复合材料应用在大型客机上，惠普公司从 PW4084 发动机开始，将挤压态的 SiC_p/Al 复合材料用作生产风扇出口导流叶片，用于采用 PW4000 系列发动机的波音 777 客机上。美国于 20 世纪 90 年代中后期提出铝基复合材料产业联盟的方案，由几个国家制造中心（NCMS）组成，联盟的成立得到美国材料和制造总局的大力支持，在 1997 年 12 月正式签署协议书。联盟最初集中研究非连续增强铝基复合材料，其主要产品有：雪佛兰 Corvette 和通用 S/T 皮卡驱动、plymouth Prowler 刹车转子和通用 EV-1 刹车片、丰田柴油汽车发动机活塞、Pratt & Whitney 4000 系列引擎风扇等。金属基复合材料可作为非结构功能材料应用，提高陶瓷增强体体积分数，有效降低其热膨胀系数，同时保持较高的热导率，在微电子封装领域得到应用。典型应用如摩托罗拉公司的铱星计划和通用公司的电子封装材料。金属基复合材料在一些对性能要求较高的民用产品领域也具有较大的应用潜力，现在已研制出可批量生产的纳米复合材料赛车传动轴。在体育休闲领域，如自行车车架及零件，赛艇和游艇的发动机活塞、传动轴等。另外，金属基复合材料还可应用于高速切削刀架、核废料储存设备和煤矿绞车离合器等。总体上，国外金属基复合材料在航天航空、汽车、热控和民用方面的应用起步较早，已经解决金属基复合材料的设计、生产和工程化的问题，并在重要结构上实现了应用。

相对于国外，我国在金属基复合材料方面的研究起步于 20 世纪 80 年代初期，90 年代末成功开发大气环境下的压力浸渗技术，推动了颗粒增强复合材料、晶须增强复合材料、碳纤维增强复合材料在航天领域的应用。2000 年后，随着我国粉末冶金法、搅拌铸造法、原位生成法等制备方法的成熟，在海、陆、空、天、电子等各军事领域开始了普及应用。2010 年后，在民用设施中，例如矿山机械的球磨机衬板、锤头等也开始了批产。目前，我国已经形成若干金属基复合材料新技术产业链，特别是面向电子行业的电子封装复合材料发展迅速，已经成为大功率电子器件、微波器件壳体、热沉的标准配置。

美国对金属基复合材料研究起步最早，投入最大，也是得到应用终端产品最多的国家，日本和英国紧跟其后，也出现了一些拥有成熟生产工艺的生产企业。目前国内与国外金属基复合材料技术发展、产业化发展相比仍存在一定差距，一是市场还不成熟，设计者对金属基复合材料的认知还有待于材料研究者做更多的证明性工作；二是缺少企业间的联合，技术壁垒较强；三是缺少权威性的国家标准等。

1.3 广东省金属基复合材料产业现状与SWOT分析

为了应对市场和技术发展的需求，专家们对广东省金属基复合材料产业领域的优势（strengths）、劣势（weaknesses）、机会（opportunities）和威胁（threats）进行了分析，获得本技术领域的SWOT如表1-1所示。

表1-1 广东省金属基复合材料产业SWOT分析

内部因素	内部优势（S）： 1）金属基复合材料性能优于基体金属 2）兼具结构性和功能性	内部劣势（W）： 1）缺乏系统的基础理论研究 2）材料的结构与制备工艺需设计 3）制备工艺不完善 4）制造成本较高，难以大规模生产
外部因素	外部机会（O）： 1）国家对金属基复合材料研发的支持力度较大 2）航空航天领域轻量化结构的发展趋势 3）金属基复合材料在民用领域的巨大市场需求	外部威胁（T）： 1）原材料价格上涨 2）节能降耗、环境保护形势严峻 3）其他复合材料对金属基复合材料的冲击

通过对SWOT的分析，形成的SO、WO、ST、WT战略分别如下。

SO 战略（依靠内部优势，利用外部机会）

①开展新型金属基复合材料研发，提高其综合性能；

②拓展金属基复合材料在航空航天领域的应用；

③开发低成本金属基复合材料，扩大其在民用领域的应用。

WO 战略（利用外部机会，克服内部劣势）

①加大对金属基复合材料基础理论研发的投入；

②开展航空航天用金属基复合材料的复合构型设计；

③降低金属基复合材料的加工与制造成本。

ST 战略（依靠内部优势，回避外部威胁）

①开发兼具结构性与功能性的低成本金属基复合材料；

②开发节能环保的金属基复合材料制备工艺，实现绿色制造；

③拓展金属基复合材料的应用领域。

WT 战略（减少内部劣势，回避外部威胁）

①开展金属基复合材料增强体与基体的润湿、界面反应等基础理论研究；

②开发高效低成本的制造工艺及装备，实现大规模生产；

③完善金属基复合材料结构与工艺设计理论。

1.4 任务和愿景

广东省金属基复合材料技术路线图制定的重要任务是：通过技术路线图这一技术创新管理工具，分析和掌握广东省金属基复合材料的产业地位、状况、市场需求、产业目标和技术壁垒，立足广东、放眼全国，提出在国内外有影响的金属基复合材料产业当前与未来发展的战略思路。凝练出金属基复合材料领域所涉及的主要技术、重大研发需求和技术项目，确定其优先排序并指出项目的技术难点及风险、完成时间节点、效益和回报等，并制定出相应的实施计划，就广东省金属基复合材料产业的发展提出相关的建议。

> **愿景目标**
> 通过5~10年的努力,发挥广东省制造业的规模优势,进一步突破金属基复合材料的制备与成形加工技术,实现稳定化规模化制造,开拓金属基复合材料在民用领域的应用市场,使广东省成为国内重要的金属基复合材料研发与产业化基地。

1.5 广东省金属基复合材料产业范围和边界

金属基复合材料范畴的界定是一个长期以来存在争议的话题。从复合材料的定义出发,凡是包含金属相在内的双相和多相材料都可归于广义的金属基复合材料,如定向凝固共晶层片或纤维组织(如 Al_3Ni-Al,Al-CuAl,Ni-TaC,Ni-W)、双相金属间化合物层片组织(如 γ-TiAl)、珠光体钢、高硅铝合金(Al-Si)等,然而这些材料习惯上被看作是金属合金,而不是金属基复合材料。

对于比较狭义的金属基复合材料而言,依据基体合金的种类可分为:轻金属基复合材料、高熔点金属基复合材料、金属间化合物基复合材料。按增强相形态的不同可划分为:连续纤维增强金属基复合材料、短纤维增强金属基复合材料、晶须增强金属基复合材料、颗粒增强金属基复合材料、混杂增强金属基复合材料。按增强体的引入方式不同可分为:外加增强金属基复合材料、原位生成金属基复合材料。

颗粒增强金属基复合材料兼具金属与非金属的综合性能,材料的强韧性、耐磨性、耐热性、导电导热性及耐候性能适应广泛的工程要求,且比强度、比模量及耐热性超过基体金属,对航空航天等尖端领域的发展具有重要作用。目前已发展为铝基、镁基、钛基、铜基以及钢铁基等多种材料。在过去的二十几年中,颗粒增强金属基复合材料以其更好的性价比和可加工性能,逐渐地从军事国防向民用领域渗透,如今已在交通运输、电子封装、民航、工业和体育休闲产业等诸多领域实现商业化的应用，形成了初具规模的产业。

广东省金属基复合材料产业技术路线图的产业链构成与边界是依据产业当前的发展现状和今后一段时期市场需求的产品以及发展的趋势来界定的。因此经专家讨论，将颗粒增强金属基复合材料作为广东省金属基复合材料产业技术路线图的主要内容。按材料分，主要包括铝/镁基复合材料、钢铁基复合材料、铜基复合材料、钛基复合材料等4个主要部分的材料开发、制备工艺、生产装备以及应用技术等方面。

广东省金属基复合材料产业范围与边界如图1-1所示。

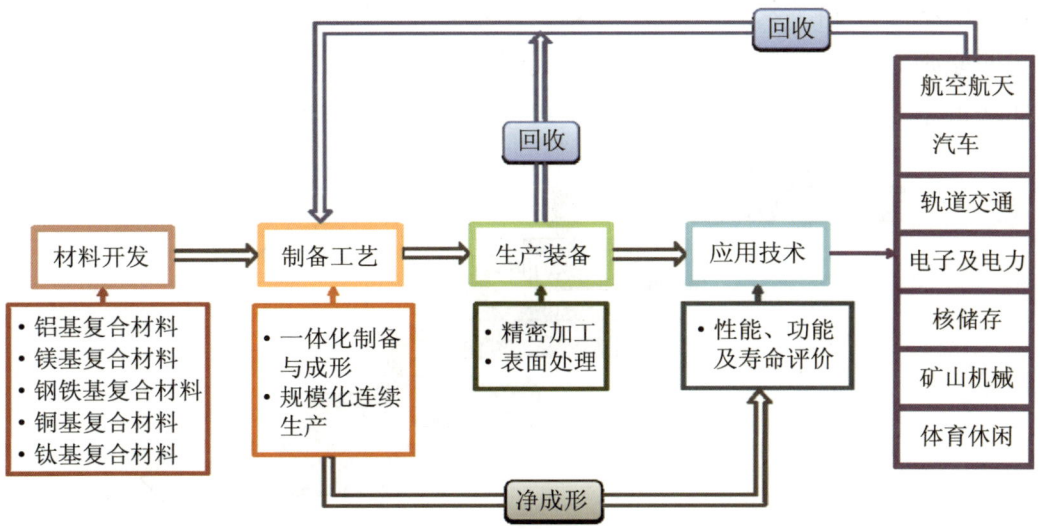

图1-1 广东省金属基复合材料产业范围与边界

1.6 产业技术路线图制定过程和方法

1.6.1 基本流程

技术路线图在北美、欧洲和日本等工业发达国家得到广泛的应用，经历了近40年的发展。现在，技术路线图一词不仅关注技术路线图本身，而且也关注技术路线图的构建过程，它反映了对某一领域前景的看法，以及实现这个前景的方法。因此,技术路线图可以帮助行业认清产业本身的定位,确定将来的目标,识别出实现目标所要突破的技术瓶颈,确立将采取的行动方案。

依据产业技术路线图制定的原理和方法,广东省金属基复合材料产业技术路线图制定过程的核心工作是召开高质量的产业专家研讨会。如图1-2所示,沿着"市场需求分析→产业目标分析→技术壁垒分析→研发需求分析→路线图绘制"的制定过程,对广东省金属基复合材料产业进行系统全面的分析,确立广东省金属基复合材料产业在市场拉动下的产业目标,识别出关键技术难点,确定广东省金属基复合材料产业的研发重点。广东省金属基复合材料产业技术路线图强调以企业为主体,市场为导向的原则,注重制定过程,突出在行业内产生广泛影响力和认同的目标。其特点是参与面宽,影响广泛,认可度高。制定过程经历了3个阶段。

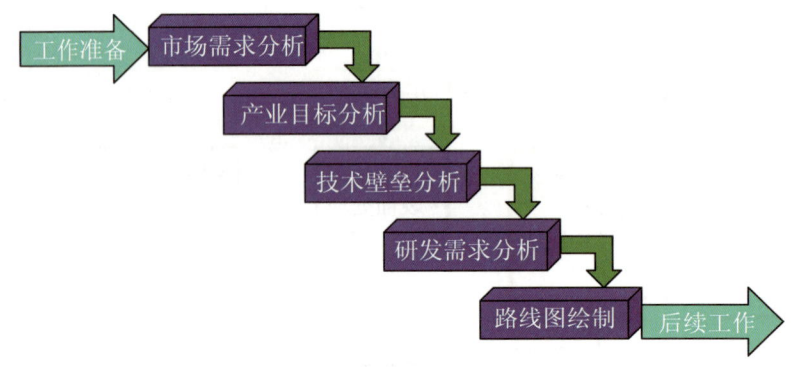

图1-2 路线图的制定过程

第一阶段:准备阶段。

利用各种形式的信息渠道(论文、专利、著作和其他相关文献),对广东省乃至全国金属基复合材料产业的生产、市场、技术状况以及国家产业政策等方面进行调研和分析;在广东省科技厅的支持下,组建了广东省金属基复合材料产业技术路线图编制的核心团队、工作组和顾问专家组;确立了以哈尔滨工业大学耿林教授作为路线图制定的领军人物。在路线图预备会议上采用头脑风暴法确定了广东省金属基复合材料产业的范围和边界,采用德尔菲法制定、发放、收回、整理、反馈相关问卷的信息,按照"发散"→"收敛"→"再发散"→"再收敛"……的工作程序,凝练出了广东省金属基复合材料产业的较为权威的信息。工作组在收集整理专家意见的基础上编制出相关资料和调研问卷,提供给各专家思考,为召开专题研讨会做好准备。

第二阶段:产业专题研讨会。

在收集和整理了200余份专家调研问卷的基础上,召集了省内外近百位来自政府机构、行业协会、高校、企业、研究院所从事金属基复合材料生产、销售、研发的专家和企业家(人员结构见图1-3,参加单位及专家名录见附录),分别在广州、佛山、清远等地召开了"产业边界和范围界定""市场需求与产业目标""技术壁垒与研发需求""路线图绘制"等4次较大规模的研讨会,平均每场研讨会参会专家在60人以上。研讨会上针对上述各会议主题,采用头脑风暴法对工作组收集、整理的专家建议和资料进行研讨,充分调动专家的主观能动性和思维,对广东省金属基复合材料产业的相关重点议题进行了仔细的研讨和评估,达成专家共识,取得成果。

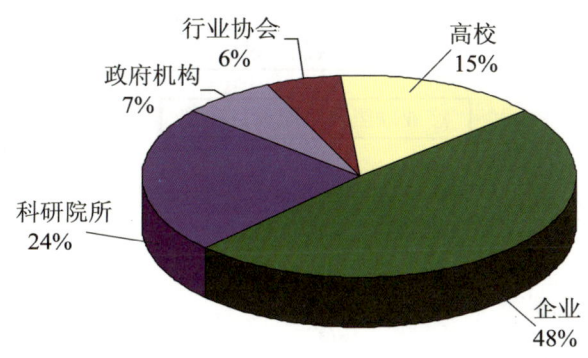

图1-3 广东省金属基复合材料产业技术路线图制定专家人员结构

第三阶段:绘制产业技术路线图。

基于广东省金属基复合材料产业技术路线图专题研讨会的成果和相关资料、文献的信息总结,路线图制定核心专家组整理相关的数据和信息,重点描述路线图制定过程中筛选出的广东省金属基复合材料产业的共性关键技术以及专家对这些研发项目的评估意见，提出了对广东省金属基复合材料产业发展的建议。

广东省金属基复合材料产业技术路线图的制定整体过程列于图1-4。

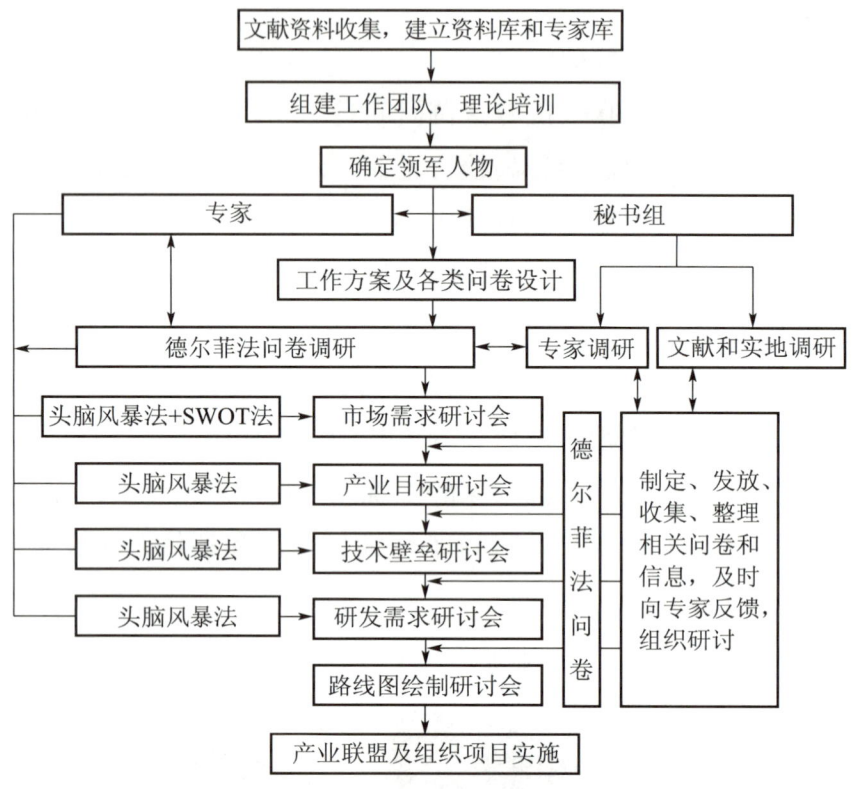

图1-4 路线图制定过程

1.6.2 制定方法

在技术路线图的制定过程中，聚集了众多相关领域的科技专家、政策决策者和技术成果使用者，因此，在整个组织过程中，需要用科学的方法将各环节进行有效联接，以便将专家和参与者的集体智慧凝练出来。制定技术路线图过程中可参考的方法有德尔菲法、头脑风暴法、SWOT法等，根据不同技术路线图的产业特点，可有目的地选用相关方法。

德尔菲法又称专家规定程序调查法，该方法主要由调查者拟定调查表，按照既定程序，以函件方式分别向专家组成员征询，同时专家组成员可以提交意见，经过反复征询与反馈，专家组成员意见逐步趋于集中，最后获得具有很高准确率的共识性结果。德尔菲法的实施过程除了有调查表向被调查者提出问题并要求回答的内容外，还兼有向被调查者提供信息的责任，达到交流思想的效果，适用于本技术路线图市场需求、产业目标、技术壁垒和研发需求的确定与分析。

头脑风暴法是一种通过大家共同努力来寻求特定问题的解答的方法。在这个过程中，专家成员即兴的想法受到重视，会议过程是收集所有即兴创意的过程，且要求对任何意见和观点都不加评价，目的是为了尽可能地激发不同的观点和意见。本方法适用于在技术路线图制定过程各阶段中的开放性命题，如市场需求、产业目标、技术壁垒和研发需求研讨问题评定前的意见征集。

SWOT法将与研究对象密切相关的各种主要优势（strengths）、劣势（weaknesses）、机会（opportunities）和威胁（threats）等通过调查列举出来，并依照矩阵形式排列。运用该方法可以对研究对象所处的情景进行全面、系统、准确的研究，从而根据研究结果制定相应的发展战略、计划以及对策等。本技术路线图正是利用该方法识别广东省金属基复合材料产业的市场和技术发展的需求。

广东省金属基复合材料产业技术路线图的制定严格按照路线图制定原理，才有有效的组织方式和科学的工作流程，从市场需求、产业目标、技术壁垒和研发需求等4个模块进行剖析，各模块具体的研究内容和方法见表1-2。

表1-2 广东省金属基复合材料产业技术路线图各模块研究内容和方法

模块	研究内容	方法
市场需求	对比分析金属基复合材料产业背景、资源现状、技术现状、发展优势和驱动力、产业劣势与阻力,识别市场需求要素	头脑风暴法、德尔菲法、SWOT法
产业目标	确定金属基复合材料产业目标要素并排序,分析产业需求要素和相关联产业目标要素关联度,进行优先排序	头脑风暴法、德尔菲法
技术壁垒	分析金属基复合材料产业目标实现的技术壁垒,筛选技术壁垒中关键技术难点及共性问题	头脑风暴法、德尔菲法
研发需求	确定突破金属基复合材料产业关键技术难点的研发需求,进行优先排序(顶级、高级、中级),从风险、时间节点、组织研发主体分析研发需求项目,确定技术发展模式	头脑风暴法、德尔菲法

❷ 广东省金属基复合材料产业的市场需求

2.1 金属基复合材料的应用市场分析

2.1.1 航空航天

金属基复合材料,以其高比强度、高比模量、耐热、耐磨、导电、导热、不吸潮、抗辐射和低热膨胀率等性能优点,被探索性地应用于电子工业、汽车工业及航空航天等领域。金属基复合材料能有效提高航空航天产品的质量水平和技术可靠性,从而极大促进了世界范围内航空航天事业的健康发展。

航空航天领域向来对产品的安全系数、使用寿命要求较高,这也使得航空航天领域成为金属基复合材料应用最具挑战性的领域,特别是在商用、军用飞机及其零部件的生产应用上。由于传统的铝合金材料在飞机扭转、旋转引发的力载荷作用下会发生严重变形,进而影响到飞机机体结构的安全。以颗粒增强铝为代表的金属基复合材料兼具轻质和高比强度、比刚度,稳定性高,因此逐渐在航空航天领域上作为主承载结构件被推广使用。

在美国国防部"Title"项目的大力支持下,DWA复合材料公司与洛克希德·马丁公司及空军军方合作,应用粉末冶金法成功制备了碳化硅颗粒增强铝基复合材料,并大胆尝试用作F-16战斗机的腹鳍材料,完全替代了原有的铝合金蒙皮材料,使飞机寿命由原来的数百小时提高到全寿命8000h以上,大大延长了飞机及相关零部件的使用寿命。就铝基复合材料应用的评估结果表明:铝基复合材料腹鳍可以大幅减少设备的检修次数,全寿命周期内可以节约检修费用2600万美元以上,更重要的是可以大大提高飞机的机动性、安全性。美国除在F-16战斗机中使用铝基复合材料外，F-18（大黄蜂）战斗机上的液压制动器缸体也使用碳化硅颗粒增强铝基复合材料来代替传统的铝青铜材料，不仅使机体重量得到明显减轻、有效降低缸体的热膨胀系数，最重要的是使缸体的疲劳极限成功提高了一倍。金属基复合材料在直升机应用方面，欧洲国家率先取得进展，由英国航天金属基复合材料公司生产制造的碳化硅颗粒增强铝基复合材料被用作直升机旋翼系统连接用模锻件，并已在欧直公司生产的N4和EC-120新型直升机上成功应用，应用效果较传统铝合金相比构件刚度有了30%左右的提高，与钛合金相比，构件重量下降了1/4。

目前，碳化硅增强铝基复合材料已成功应用于制造导弹平衡翼和制导元件、航天器的结构零部件和发动机部件、战术坦克履带，以及飞机的机身地板和新型战斗机尾翼平衡器、星光敏感光学系统的反射镜基板、超轻高性能太空望远镜的管棒桁架、微波电话插件、高尔夫球棒和蹄铁等。碳化硅颗粒增强铝基复合材料则应用于制造卫星及航天器结构材料，如卫星支架、结构连接件、管材、型材、导弹翼、遥控飞机翼、制导元件；飞机零部件，如起落架支柱龙骨、纵架管、液压歧管、直升机阀零件；金属镜光学系统，如红外探测器、空间激光镜、高速旋转扫描镜等；此外，还应用于制造微波电路插件、惯性导航系统的精密零件、涡轮增压推进器、电子封装器件等。镁基复合材料密度小、比强度和比刚度高，具有良好的尺寸稳定性和优良的铸造性能。美国海军卫星上已将镁基复合材料作为支架、轴套、横梁等结构件使用，用于人造卫星抛物面天线骨架的铬镁复合材料可使天线效率提高539%。在美国，大型高性能涡轮发动机技术（IH-PTET）计划的执行，已经开发了大量不同的钛基复合材料部件，如空心翼片、压缩机转子、箱体结构件、连接件及传动机构等。随着在美国空军F-22战斗机中的引入，钛基复合材料已经进入了实际应用阶段。我国结合国防军工及高技术发展的需要，已开展颗粒与纤维增强铝基、钛基、镁基、铁基、铜基等各类金属基复合材料的研发，已有较好的研究基础。

纵观国内外，对金属基复合材料在航空航天的应用研究已逐步取得很大的成就，发达国家（如美国、日本、加拿大等）已进入应用阶段，取得了显著的经济效益。从发展趋势看，今后金属基复合材料会成为航空航天和空间领域中不可替代的重要材料。

2.1.2 汽车、轨道交通

汽车是科学技术的重要产物，反映了不同时代科学技术的水平。在汽车的开发中，各种新工艺、新材料和新技术的应用曾使汽车的性能发生过飞跃。现代汽车工业的发展，要求汽车具有高速度、轻量化、低油耗等特点，一条重要途径就是开发和应用一些新型的结构材料和功能材料，以取代一些传统材料。在这场新材料的竞争中，金属基复合材料愈来愈受到设计人员和制造商的重视，并在汽车上获得应用，取得了一定的成果。

金属基复合材料已经在活塞及活塞环、缸套、连杆、汽车制动盘、制动鼓及刹车盘、保持架、驱动轴、传动轴、轴承、发动机零件上得到应用。由低密度金属和增强陶瓷纤维组成的高性能铝活塞已有所应用，国外推出了氧化铝纤维增强活塞顶的铝活塞、氧化铝增强的镁合金制造的活塞、氧化铝纤维及不锈钢纤维增强的铝基复合材料连杆等，进一步扩大了复合材料在活塞上的应用。

根据不同增强体和基体的特性，金属基复合材料可应用于汽车的不同部件。碳化硅晶须增强铝基复合材料可用于汽车零件如活塞、连杆、汽缸、气门挺杆、推杆、活塞销、凸轮随动机等，而碳化硅颗粒增强铝基复合材料汽车零部件，如驱动轴、刹车盘、发动机缸套、衬套和活塞、连杆、活塞镶圈。另外，颗粒增强铝基复合材料也可被用于刹车轮，其特点是可使质量减轻30%～60%，而且导热性好。福特和丰田汽车公司采用Alcan公司的SiC/Al制作刹车盘，美国Lanxide公司生产的SiC/Al汽车刹车片已投入批量生产。中国上汽集团已经和有关高校合作，进行铝基复合材料汽车制动盘的研制，将用于上汽集团独立开发、具有自主知识产权的轿车刹车系统。镁基复合材料具有优良的阻尼减振、电磁屏蔽等性能，在汽车制造工业中用作方向盘减震轴、活塞环、支架、变速箱外壳等，目前已经有约 60 种汽车部件，包括变速箱外壳、转向柱等应用镁基复合材料，如德国克劳斯塔尔工业大学用碳化硅增强镁基复合材料制成了汽车轴承、活塞和气缸内衬等零件，美国 TEXTRON 公司、Dow 化学公司用这一复合材料制成螺旋桨、导弹尾翼和内部加强的气缸等。日本国立金属研究所开发的气体雾化弥散颗粒硬化的铁基复合材料可进一步提高材料的耐磨性，可用作汽车上的活塞、缸套、轴承和刹车零件。日本采用诱发电位金属（BEP/M）工艺制备出一系列民用耐磨性好的碳化钛和硼化钛颗粒增强的 β 钛复合材料，可有望应用于汽车部件。

现代轨道交通具有速度快、运量大、安全等特点。我国轨道交通发展迅猛，已成为世界上高速铁路发展最快、系统技术最全、集成能力最强、运营里程最长、运行速度最高、在建规模最大的国家。高速列车基础制动装置通常采用盘形制动，利用闸片与制动盘产生的摩擦力实现减速或停车。

国外金属基复合材料闸片生产的公司主要有德国 Knorr-Bremse 公司和 Becorit 公司、法国 Flertex 公司、美国 Honeywell 公司等，其中 Knorr-Bremse 公司垄断全球 80% 以上高铁刹车片的市场。国内生产闸片的公司主要有北京天宜上佳新材料有限公司、常州南车铁马科技实业有限公司、青岛亚通达铁路设备有限公司、北京浦然轨道交通科技有限公司、中车威墅堰机车车辆工艺研究所有限公司、北京西屋华夏技术有限公司等。粉末冶金闸片材料主要有铁基和铜基两类。制动盘要求具有高的强度、高的耐热性能、大的比热容以及优良的导热、抗蚀、抗磨等性能。以 AS7G06、AV4NT 或 AS18UNT 等牌号的铝合金作为基体，添加体积分数为 8% ～ 20% 的 SiC 或 Al_2O_3 颗粒作为增强相的铝基复合材料制动盘具有质量轻、摩擦系数高、耐磨损、导热性好等优点，盘体能快速冷却。热容相同时，比传统钢质制动盘减重 50%，且摩擦系数稳定，摩擦表面温度明显降低。日本和德国分别在 100N 系新干线电动车组和 ICE-1 线路上装车运行试验铝基复合材料制动盘，其质量仅为铸铁制动盘的40%，而寿命却大幅提高。中国南车集团株洲电力机车有限公司与湖南大学合作开发了高速列车用Al-20%Si/SiC复合材料制动盘，发现采用球形碳化硅颗粒能够减少SiC粒子的磨损性，可提高摩擦系数的稳定性。

2.1.3 采矿、冶金、水泥、电力

陶瓷颗粒增强金属基复合材料可作为一种耐磨材料，其机械零部件可以用于很多种工况。如水泥和电力行业中的水泥冷却机篦板，球磨机磨球、衬板，圆锥式破碎机的破碎壁；矿山和煤炭工业下的锤式破碎机的锤头、AA式破碎机的AA板；机械行业中的大型立式磨机的磨辊、磨盘及辅件；船舶行业中的挖泥船大型疏浚泵过流件；冶金行业的反击式破碎机板锤；化工工业的渣浆泵件、输送管道、锅炉喷燃器火嘴等机械装备。这些组件在实际生产过程中所处的环境比较恶劣，包括高冲击、高温氧化、腐蚀等具有磨蚀性工况。而且在使用过程中组件还要受到硬质磨料的磨损，导致材料产生快速磨损，从而使组件失效。以火电厂中磨煤机使用的磨环和磨球为例，其磨料虽然是本身非常柔软的煤炭，但使磨环和磨球失效的主要原因是煤炭中包含的煤矸石和硫化物，尤其是煤矸石中的石英。据资料统计，工业国家有占国民生产总值高达6%～8%的经济损失是由磨料磨损形成的。在我国，每年占铸件总量的10%～15%是耐磨件的消耗总量，其数值约为300万吨。严重磨损除了会造成金属材料质量上的重大损失外，每次停机后花费人力、物力对发生故障的磨损组件进行频繁更换，导致工序暂停，生产线停工，成本增加。积少成多后也会造成相当大的经济损失。

快速的磨损和大量消耗的材料约束着相关工业的快速发展，如何突破这两点已成为国内外同类行业公认的发展关键技术性难题。因此，为了减少耐磨材料的消耗，达到降低生产成本、提高生产效率的目的，研究耐用耐磨材料、怎样在现有的条件下高效利用耐磨材料对于节省社会资源和地球能源都具有很重要的经济效益和社会效益。

随着复合材料制备技术的迅猛发展，陶瓷颗粒增强铁基耐磨复合材料成为新的研究热点，其既具有金属材料的高强度、良好的塑性和冲击韧性等优点，又具备陶瓷材料的高硬度、高耐磨性，克服了传统耐磨材料耐磨性与强韧性相互制约的难题。研究者们通过结合 WC、SiC、TiC、Al_2O_3 等高硬度的陶瓷颗粒和钢铁来制备复合材料的制备技术取得了一系列成果，并成功将其转变为工业化应用，在一些严酷的磨损工况下实现了耐磨材料的升级换代。如比利时的马科托公司首创了一种 X-win 复合材料制备技术来制备立磨高铬合金磨盘。他们将高硬度异质陶瓷颗粒制备成多孔蜂窝状陶瓷芯板，再将其镶嵌在立磨高铬合金磨盘或磨辊的表层。实践使用后表明该公司出产的合金辊套比 NihardⅣ 合金及高 Cr 合金辊套的寿命提高 1 倍以上，破碎机锤头比合金锤头使用寿命提高 1～1.8 倍。西安交通大学材料学院通过自主创新，成功研制出 WC 陶瓷颗粒增强轧钢导卫板及溜槽板，目前该产品已实现工业化生产和应用。

我国建材、电力、冶金、矿山等工业部门使用的大型球磨机衬板多为高锰钢材质，虽韧性较好，但耐磨性差，屈服强度低，在使用过程中易产生变形，致使球磨机衬板因螺栓拉断而脱落；而高铬铸铁衬板，虽耐磨性好不变形，但冲击韧性较差，破裂现象严重。为使耐磨铸铁球与衬板达到良好匹配，解决 $\Phi 3$ 米以上球磨机上应用耐磨性最好的高铬铸铁的难题，能源部电力工业耐磨材料试验研究中心与保定热电厂金属磨料公司共同开发生产了立浇双金属复合球磨机衬板，衬板在大型球磨机上使用安全可靠，耐磨性为高锰钢衬板的 4 倍以上，通过了能源部组织的新产品技术鉴定。

锤式破碎机是一种用途广泛的破碎设备，这种破碎机锤头大部分采用 ZGMn13 材质制造，使用寿命一般 7～10 天。由于锤头耐磨性差，不仅增加停机维修次数，产品质量也受到影响，已成为生产中的一个薄弱环节。为了解决锤头耐磨性差的问题，北京水泥机械厂成功研制双金属复合锤头，锤柄采用 ZG45 钢，而锤头采用高铬铸铁。高铬铸铁硬度高，耐磨性好，ZG45 钢韧性好，使其具有两种金属的优点，取得比较理想的效果，试验结果表明双金属复合锤头比高锰钢锤头单位时间磨损量降低了 71%，耐磨性是高锰钢锤头的 2.84 倍，检修劳动强度大大降低，破碎机运转率提高 8%，总效益提高。从经济效益与节能层面上看，在采矿、冶金、水泥、电力领域，金属基复合材料，特别是耐磨复合材料的需求十分迫切，且市场巨大。

2.1.4 电工、电子

高强高导铜合金具有高导电、高强度，良好的抗磨损、抗电弧侵蚀等性能，因此在现代电子技术和电工等领域具有广阔的应用前景，如可用作集成电路引线框架、电气工程开关触桥、电气化铁路接触导线、大功率异步牵引电动机转子等。目前已开发出高强度高导电铜合金主要有 Cu-Zr、Cu-Cr、Cu-Fe、Cu-Nd 等系列合金以及高强度高导电复合材料。

随着芯片集成度的快速推进，引线框架正向短、轻、薄、高精细度、多引线、小节距方向研发。由于引线框架制作及封装应用的需要，除高强度、高导热性能外，对材料还要求有良好的钎焊性能、工艺性能、蚀刻性能、氧化膜粘接性能等。所用材料以往大多采用铁镍 42 合金或覆铝铁镍合金，而目前其 85% 为铜合金所替代。

国际上生产铜基引线框架材料以欧美、日、韩等国家为代表，其中以日本产量最大，日本的铜合金引线框架带材年产量超过 5 万吨，形成高导电、高强中导电、高强高导电三大合金系列，品种牌号 77 个。日本产品除满足内需外，还大量出口海外市场，其中新光、大日本印制、凸版印刷、住友、三井等 5 大制造商独占全球 70% 左右的引线框架市场。作为引线框架用材料，铜合金的研发已达到较高水平。目前使用较多的铜基引线框架材料主要有 CuNiSi、CuFeP 及 CuCrZr 系等，其中 CuNiSi 系列合金所能达到的最优性能为抗拉强度 835～930MPa，导电率 50% IACS，但还需提高多项综合性能。

在国内，IC 封装用铜合金引线框架材料与国外同类产品相比，生产上存在品种规格少、性能不稳定、铜带成品率不高（国内成品率为40%～50%，国外在75%以上）、产业化规模小等一系列问题，在板型状况、残余内应力、表面光洁度、边部毛刺等方面也与国外产品存在较大差距。目前，国内 IC 生产厂商除在国内购买引线框架铜带外，还需从海外大量进口。

目前国内电工材料主要以 Cr-Zr-Cu 为主。根据公开的行业调查报告，2015 年我国国内 Cr-Zr-Cu 市场销售收入 4.05 亿元。我国国内 Cr-Zr-Cu 市场区域产业布局与市场不平衡，生产厂商主要集中在华东、华南沿海省份，需求方面，由于东部沿海地区聚集着国内大部分电子、装备生产企业，因此这两个地区也是国内 Cr-Zr-Cu 主要消费需求市场。而且随着我国装备制造业、模具行业、电子通信、电气化轨道交通等高科技行业的发展和国产率提高，Cr-Zr-Cu 的市场增长潜力很大。

Cr-Zr-Cu 合金主要用于制作电阻焊电极，广泛地用于汽车制造业中。随着镀锌钢板在国内车企的普及，传统的 Cr-Zr-Cu 点焊电极在焊接镀锌板时，容易发生锌与铜合金电极端部的粘附，影响焊点质量，使焊点强度降低而失效、报废。因此，相对于普通钢板焊接而言，电阻焊镀锌钢板电极的寿命一般较短。

为了提高电阻焊电极材料的使用寿命，新型电阻焊电极材料的研发一直受到人们的高度重视。从性能来看，现有的以 Cr-Zr-Cu 合金为原料的电工产品基本都可以用氧化铝铜来替代。但受成本等因素的制约，目前国内汽车制造厂仍主要采用 Cr-Zr-Cu 电极。国内的一些单位虽然能制出与美国 SCM 公司同类产品性能基本相当的氧化铝铜，但由于制备工艺复杂、产品质量不稳定，目前较少见到其有商业化产品出售。目前国内绝大部分的氧化铝铜棒料均是从美国或者日本进口，其价格长期维持在 30 万元/吨左右，而弥散铜材料的成本不到 15 万元/吨。因此，汽车工业弥散铜合金有巨大的市场需求量。

金属基复合材料产品虽然具有优良的性能，但是价格过于高昂，很难找到商业应用,所以首先应用于航空、航天和军事领域,一直未能大规模进入市场。近几年来,认识到价格是金属基复合材料广泛使用的最大障碍。从目前状况看,要打破价格障碍,首先应转变对金属基复合材料高价格的看法,在注意到金属基复合材料产品的价格比一般替代品高几倍的同时,也要看到它的优良性能和使用寿命等所带来的价值利益。与此同时,要努力改进加工技术,不断开发新材料,不断创新,扩大生产规模,走商品化生产的道路,只有在生产规模达到一定水平后,金属基复合材料产品的价格才真正有可能达到工业界和商界所能接受的水平。而随着新的材料制备技术的研制成功和廉价增强物的不断出现,金属基复合材料正越来越多地应用于汽车、机械、冶金、建材、电力等民用领域,显示出广阔的应用前景和巨大的经济效益和社会效益。随着科学技术的不断发展,以及相关领域研究工作的不断深入,金属基复合材料的理论基础和制备技术将会有更大的突破,在各方面将有越来越广阔的应用前景。

2.2 广东省金属基复合材料的市场需求要素

通过对国内外及广东省金属基复合材料的产业地位、现状和市场发展趋势的系统分析,筛选出市场需求要素。运用德尔菲法和头脑风暴法,参加市场需求研讨会的专家对广东省金属基复合材料产业的市场需求要素进行了评估,并将最终确定的广东省金属基复合材料产业市场需求要素依次排序,如表2-1所示。

表2-1 广东省金属基复合材料产业的市场需求要素

序号	市场需求要素	判断值	排序
1	矿山、建筑等行业对抗冲击磨损钢铁基复合材料产品的需求	10	1
2	低成本高性能铝基复合材料制备技术的需求	9.87	2
3	水泥电力等行业对大规格高应力磨料磨损工况下钢铁基复合材料构件的需求	9.69	3
4	电力行业对高性能真空开关触头铜基复合材料的需求	9.54	4

续上表

序号	市场需求要素	判断值	排序
5	高速列车刹车片对铜基复合材料及其粉末冶金技术的需求	9.53	5
6	航空航天对高强韧、高耐热和抗疲劳钛基复合材料的需求	9.37	6
7	航空航天领域对轻质高强高模量铝基复合材料的需求	9.19	7
8	轨道交通、汽车对轻质耐磨颗粒增强铝基复合材料的需求	9.13	8
9	LED电子封装对低膨胀、高导热铝基复合材料的需求	9.13	8
10	航空航天、微电子领域对高导热铜基复合材料的需求	8.88	10
11	海洋工程装备对耐蚀钛基复合材料的需求	8.79	11
12	高效高稳定性铝基复合材料制造装备的需求	8.67	12
13	高效低成本制造陶瓷颗粒增强钢铁基复合材料的装备需求	8.61	13
14	汽车电阻焊电极对氧化铝弥散强化铜合金材料的需求	8.57	14
15	外加颗粒增强钢铁基复合材料的市场需求	8.52	15
16	风力发电机组、高铁接触线对高导耐磨铜基复合材料的需求	8.50	16
17	海洋工程对抗冲刷磨损的复合管道产品的需求	8.18	17
18	石油化工领域对耐蚀钛基复合材料的需求	8.16	18
19	钢铁基复合材料对高强韧陶瓷颗粒的需求	8.09	19
20	航空高效能发动机对自润滑铜基复合材料的需求	8.07	20
21	高比强高阻尼镁基复合材料在工程工具方面的应用需求	7.69	21

注：表中判断值是依据德尔菲法与头脑风暴法获取的判断值的加权统计。

市场需求要素的确定是依据金属基复合材料产业今后10年应对市场发展需要解决的突出问题提出的，主要针对近期和将来一段时期金属基复合材料产业的市场变化和发展趋势，可总结为以下几个方面：

①民用领域对钢铁基复合材料与铜基复合材料的需求较大；

②钛基复合材料的应用以航空航天和军工为主，民用领域需求较少；

③铝基复合材料与镁基复合材料与铝镁合金材料相比，性能更具优势，将作为高附加值产品拓展铝镁材料的应用领域；

④降低材料制备的成本，提高材料的性能和质量，增强金属基复合材料产品的竞争力，成为金属基复合材料产业的发展趋势。

3 广东省金属基复合材料的产业目标

3.1 广东省金属基复合材料的产业目标要素

广东省金属基复合材料产业的市场需求分析为确定产业目标提供了依据,基于对广东省金属基复合材料产业的现状、地位、发展方向和趋势的分析和判断,通过企业、市场调研和文献查阅,专家们提出了广东省金属基复合材料产业的产业目标要素。运用德尔菲法与头脑风暴法,专家们筛选出了基于市场需求的产业目标要素并进行了评估。

以市场需求分析确定的市场需求要素为基础,根据产业目标分析得到的产业目标要素优先排序,构建分析矩阵,得出广东省金属基复合材料产业在市场拉动下需要优先实现的产业目标。通过对两种分析方法得出的结论进行比较,对有争议的问题,专家采用头脑风暴法来裁定,最终确定的广东省金属基复合材料的产业目标要素如表 3-1 所示。产业目标的提出和确定,为广东省金属基复合材料产业的近、中和长期的发展指明了方向。

表 3-1 广东省金属基复合材料的产业目标要素

序号	产业目标要素	判断值	排序
1	开发高抗冲击磨损性钢铁基复合材料,推进其在矿山、建筑领域的应用	10	1
2	降低铝基复合材料的制造成本	9.88	2
3	开发高抗应力磨料磨损性钢铁基复合材料,推进其在水泥、电力等领域的应用	9.76	3
4	提高粉末冶金铜基复合材料的摩擦磨损性能,扩大其在高速列车刹车片和风力发电机组上的应用	9.64	4

续上表

序号	产业目标要素	判断值	排序
5	开发新一代大功率真空开关触头铜基复合材料及其制备技术，扩大其在电力行业中的应用	9.53	5
6	开发航空航天用轻质高强铝基复合材料	9.48	6
7	提高钛基复合材料的强韧性、耐热性和抗疲劳性能，拓展其在航空航天领域的应用	9.47	7
8	高耐磨性颗粒增强铝基复合材料的系列化和产业化	9.39	8
9	提高铝基复合材料加工装备的效率和稳定性	9.18	9
10	推进高导热、高模量铝基复合材料在LED电子封装领域的应用	9.09	10
11	开发高抗冲刷磨损性钢铁基复合材料，推进其在海洋工程装备方面的应用	8.94	11
12	国产氧化铝弥散强化铜合金材料的系列化和产业化	8.91	12
13	提高钛基复合材料的耐蚀性能，实现其在石油化工、海洋工程领域的应用	8.71	13
14	开发高效钢铁基复合材料加工装备	8.64	14
15	开发镁基复合材料规模制造技术，拓展其应用领域	8.54	15
16	提高铜基复合材料的导热性，扩大其在航空航天、微电子领域的应用	8.52	16
17	开发新型外加颗粒增强钢铁基复合材料，推广其应用领域	8.41	17
18	开发高强韧陶瓷颗粒及其在钢铁基复合材料领域的应用技术	8.37	18
19	开发自润滑铜基复合材料并实现其在高效能航空发动机领域的应用	8.37	18

注：表中判断值是依据德尔菲法与头脑风暴法获取的判断值的加权统计。

在专题研讨会上，专家们对广东省金属基复合材料产业的产业目标做了进一步分析，提出了相应的绩效目标，并进行了仔细的分析和评估。绩效目标进一步量化了广东省金属基复合材料产业在近、中和长期的发展中需要达到的指标体系，具有良好的可操作性和现实意义，这对指导广东省金属基复合材料产业在一段时期内的发展提供了切实可行的考核体系。

3.2 广东省金属基复合材料产业的绩效目标

为适应和满足市场的需求，实现产业目标，通过调研和专题研讨会，专家们确认了与本技术领域相关的市场需求要素，结果如下：

（1）近期（≤3年）：金属基复合材料制备技术的升级和开发及其应用市场推广。

（2）中期及远期（>3年）：高效低成本金属基复合材料成套装备开发；提高产品性价比，实现规模化、产业化生产；注重绿色制造，节约资源和能源，开展再生与回收技术及其装备开发。

由于在广东省金属基复合材料产业中，不同的金属基复合材料体系发展进程有所差异，因此，依据广东省金属基复合材料产业的市场需求，并围绕既定的广东省金属基复合材料产业发展的产业目标，提出了各金属基复合材料产业在本技术领域需要完成的具体绩效目标，如表3-2所示。

表3-2 广东省金属基复合材料产业绩效目标

	钢铁基复合材料
近期	完善、升级高强度陶瓷预制体在钢铁基复合材料中的结构设计及高效制备； 使冲击、磨损工况下钢铁基复合材料制备技术成熟，并开展产业化，实现多品种多规格耐磨材料产业全覆盖
中、远期	实现海洋工程用耐磨抗蚀钢铁基复合材料的开发； 实现高效低成本钢铁基复合材料制造成套装备的开发
	铝/镁基复合材料
近期	成熟LED电子封装用高导热、高模量铝基复合材料的制备技术； 实现高耐磨颗粒增强铝基复合材料的产业化
中、远期	实现航天领域用轻质高强铝基复合材料的应用； 实现高强度镁基复合材料的开发与应用； 实现面向民用市场的高效低成本铝基复合材料加工装备的开发； 实现铝基复合材料的再生与回收技术及装备的开发

续上表

铜基复合材料	
近期	针对高速列车刹车片、大功率高压开关触头，实现铜基复合材料制备技术升级及产业化推广
中、远期	针对航空发动机及风力发电机组，开发自润滑或高耐磨铜基复合材料，并实现产业化
钛基复合材料	
中、远期	实现高强韧、耐腐蚀、抗疲劳钛基复合材料的开发，并完成产业化推广；实现高效低成本钛合金加工技术及装备的开发

为加快发展金属基复合材料产业的技术水平，首先应立足于本省对金属基复合材料的市场需求，识别金属基复合材料产业在本省的产业目标，通过绩效目标的实现，促进我省相关领域行业的产业升级，进而提升其竞争性，使其成为我省经济新增点。

4 我国金属基复合材料产业的知识产权分析

颗粒增强金属基复合材料（主要包括铝基、铁基、镁基、钛基、铜基、镍基复合材料等）近30年来得到良好的发展，因其有高强度、高韧性、高耐磨性、低密度和良好的抗疲劳性等优异性能，并且制备技术具备多样性和灵活性，在矿山水泥、车辆电子、航空航天等领域中可发挥重大作用，目前已在世界范围内得到广泛应用，并逐渐走向工业化[1]。国内对金属基复合材料具体的制备技术、关键部件及应用范畴已有颇多研究，而对整个产业技术发展概况、技术分布及专利状况进行深度剖析的文章却鲜有报道[2-3]。本章试图从专利情报分析的视角[4-7]，对颗粒增强金属基复合材料进行多角度的分析。为掌握我国颗粒增强金属基复合材料产业发展趋势及驱动力，明确产业发展定位，识别未来市场的产业需求方面提供有用的竞争情报。

4.1 数据来源

本章专利数据来源于国家知识产权局专利数据库，检索时间段为1990年1月1日—2017年8月15日的所有专利。检索关键词"颗粒增强"获得国内颗粒增强金属基复合材料产业相关专利共2451件，然后进行人工精确筛选，得到与本文标题及内容最切合的专利检索结果，最终统计出我国颗粒增强金属基复合材料产业技术领域共有专利1728件，其中发明专利1638件，占检索专利总量的94.79%；实用新型专利90件，占检索专利总量的5.21%。由于申请存在公布周期及收集录入的延迟性，2017年的部分统计数据不做精确参考。

4.2 颗粒增强金属基复合材料的国内专利概况

4.2.1 申请量趋势分析

通过对专利申请量的统计分析，可以揭示历年国内颗粒增强金属基复合材料产业的专利申请和技术研发情况，从而掌握其技术发展的趋势及动态。我国颗粒增强金属基复合材料产业的专利申请量趋势如图4-1所示。

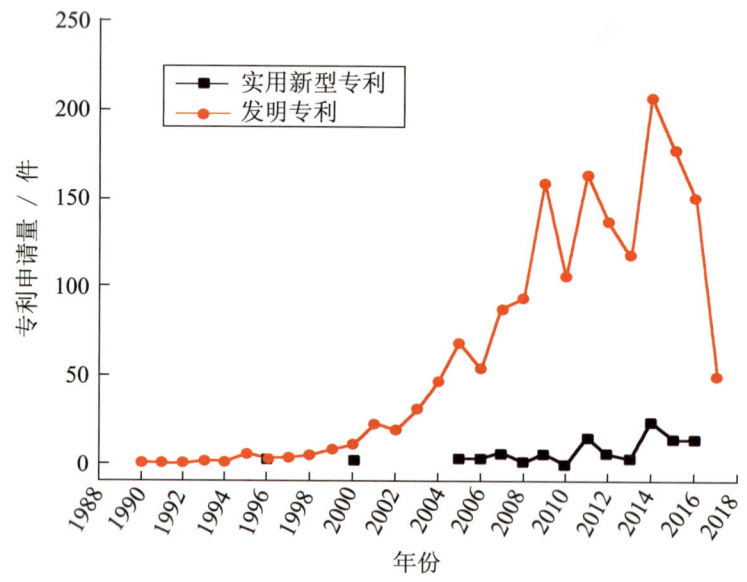

图4-1 我国颗粒增强金属基复合材料产业的专利申请量趋势

从图4-1可以看出，2000年以前，我国颗粒增强金属基复合材料产业的技术发明专利申请量极低且分布较为分散，说明当时该领域处于技术萌芽期，没有引起足够的重视，这与研发成本、研发者的学术敏锐、研发模式及国家层面的重视有关。2001—2009年，随着国家加强了政策扶持，加大了研发投入，大家为了获得国际竞争优势，纷纷加强对知识产权的保护，我国颗粒增强金属基复合材料产业相关研究取得了重大的进展，处在技术发展阶段，所以该时期专利申请量逐年持续增长。2010年至2016年，颗粒增强金属基复合材料产业的发明专利申请数量稳定保持在每年100件以上，专利权人基本稳定，说明此时处于技术相对成熟期，在颗粒增强复合材料研究领域已实现规模产业化，这一时期的专利以技术或商品改良设计型专利为主。我国从2005年开始，连续有颗粒增强金属基复合材料产业的实用新型专利，但数量相对较低，年申请量最多不超过25件。这说明我国目前在颗粒增强金属基复合材料产业设备装备研发、产品产业化技术和工程化应用等方面的相关技术投入较少。实用新型专利的实用性特色鲜明，只要具备创新性，授权比例都比较高，应该予以重视。

总体来说，我国颗粒增强金属基复合材料产业的专利技术从1990年至今，经历了从无到有，从萌芽到成熟的过程，在最新形成的技术成熟期内，只有通过不断进行技术研发创新，才能在新技术、新材料等方面的研究取得新的突破，实现技术的再发展。

4.2.2 专利地域分布分析

专利的申请情况与所在地区的政府相关政策导向、经济发展状况、产业布局以及研发技术力量等因素密切相关。表4-1列出了我国颗粒增强金属基复合材料产业发明专利和实用新型专利的申请及授权数量的地域分布情况。

表4-1 我国颗粒增强金属基复合材料产业专利申请及授权数量的地域分布情况

单位：件

专利类型		江苏	北京	陕西	上海	黑龙江	山东	云南	辽宁	广东	河南	湖南	江西	吉林	河北	浙江	安徽	重庆	山西	湖北	天津	四川	深圳	广西	福建	贵州	内蒙古	总计
发明专利	申请	332	219	136	131	130	102	87	77	58	55	51	46	37	28	27	25	24	20	17	15	12	11	9	2	1	0	1652
发明专利	授权	199	149	101	84	88	24	36	63	29	31	36	31	18	20	15	5	14	8	12	9	5	11	2	2	0	0	992
实用新型专利	申请	11	11	10	4	0	4	14	4	9	3	3	0	1	0	1	2	4	0	1	0	3	0	0	0	2	3	90
实用新型专利	授权	8	5	6	0	0	0	6	2	4	3	1	0	1	0	1	0	0	0	1	0	3	0	0	0	2	2	45
合计		550	384	253	219	218	130	143	146	100	92	91	77	57	48	44	32	42	28	31	24	23	22	11	4	5	5	2779

从表 4-1 可以看出，我国颗粒增强金属基复合材料产业发明专利的地域分布广而不均，东北部地区省份申请数量较多，相对集中，西部及南部省份申请数量相对较少，分散。申请发明专利 100 件以上的省份依次是江苏、北京、陕西、上海、黑龙江、山东。这是因为我国第二产业主要集中在东北部地区，这些地方的制造业、电力和煤气工业发达，又是高等研究院校的聚集地，拥有很强的理论研究和产业化水平。同时，也说明这些地方都很注重对颗粒增强金属基复合材料的研究和知识产权保护。我国西南地区主要以云南和广东两省申请发明专利比较活跃，云南在矿产行业的带动下，新型耐磨复合材料的发明受到激发，广东省矿产、水泥、建筑等产业中金属基复合材料及产品的研发也是技术创新形成专利的原因。

实用新型通常是指对产品的形状、构造或者其结合所提出的适于实用的新的技术方案，该技术方案在技术水平上低于发明专利。我国颗粒增强金属基复合材料产业实用新型专利总量少、分布散，只有江苏、云南、陕西、北京、广东等省份拥有少量，说明各省份专利申请人还是侧重金属基复合材料发明专利的申请和保护，实用新型专利相关技术不够成熟或没有太大的价值。

4.2.3 专利权人分析

从专利权人角度进行分析可以得知研发活跃、技术水平领先的专利权人。经统计，我国颗粒增强金属基复合材料产业相关专利的主要申请机构及申请量比例情况如图 4-2 所示。从图 4-2a 可以看出，我国颗粒增强金属基复合材料产业的发明专利专利权人以大专院校和各类企业为主，其中大专院校占 59.59%，各类企业占 28.38%，科研单位占 11.85%。从图 4-2b 可以看出，实用新型专利的专利权人有大专院校、各类企业、科研单位三种机构，其中大专院校所占比例多一些，各类企业所占比例相对较少，说明我国颗粒增强金属基复合材料相关技术是以高校为主导的，大部分企业并没有相关的技术优势。

4 我国金属基复合材料产业的知识产权分析

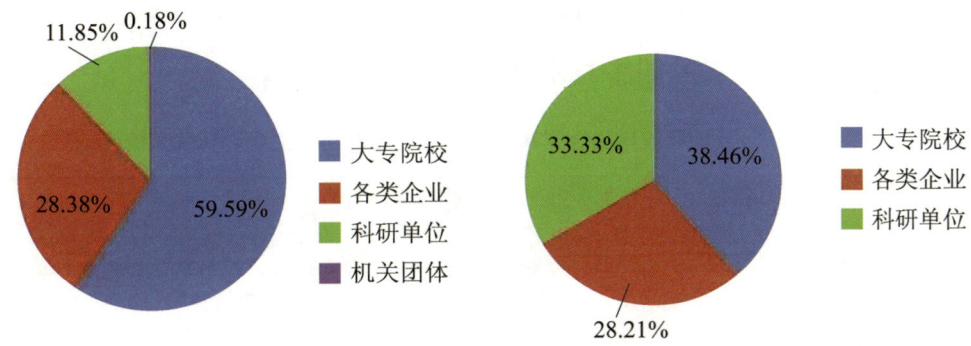

(a) 发明专利申请机构及申请量比例　　(b) 实用新型专利申请机构及申请量比例

图 4-2　颗粒增强金属基复合材料产业的国内专利申请机构及申请量比例

我国最早相继进行颗粒增强金属基复合材料研究的机构是重工企业、军工科研院所和高等院校，他们进行了长期持续的研究，并且形成了各自的特色方向。表 4-2 是我国颗粒增强金属基复合材料产业专利的主要专利权人情况。上海交通大学于 1991 年底建成金属基复合材料国家重点实验室，主要研究铝及铝基复合材料、镁及镁基复合材料、钛及钛基复合材料的设计、制备、加工和应用过程的关键基础理论和应用问题，其利用铸造及粉末冶金法制备纳米颗粒原位增强金属基复合材料的技术处于世界领先水平。江苏大学的材料科学与工程是该校的优势学科，申请专利技术涉及 TIG 焊表面熔覆的方法、放电等离子烧结技术、电磁铸造技术及半固态连接技术等方法制备内生颗粒增强金属基复合材料。中国科学院金属研究所在利用搅拌摩擦加工工艺、粉末冶金工艺、搅拌铸造工艺制备金属基复合材料方面有近 20 件专利。北京科技大学建有材料先进制备技术教育部重点实验室、北京市先进粉末冶金材料与技术重点实验室、北京市高端金属材料特种熔炼与制备重点实验室等多个平台，在碳化硅颗粒增强铝基复合材料的制备方面具备成熟的熔铸-原位合成技术、半固态成形技术及挤压、模锻等热加工技术，因此有多项相关专利。哈尔滨工业大学成立专门的镁基复合材料课题组、金属基复合材料课题组、轻质耐热金属基复合材料课题组，建有复合材料研究所、特种陶瓷研究所，特别是特种环境复合

· 31 ·

材料技术国家重点实验室，材料科学与工程是国家重点一级学科，其颗粒增强金属基复合材料的制备技术处于世界领先水平。

表4-2 我国颗粒增强金属基复合材料产业专利的主要专利权人情况

排名	专利权人	开始申请专利年份	专利申请数量/件	有效专利数量/件
1	上海交通大学	2000	78	8
2	哈尔滨工业大学	1999	77	19
3	江苏大学	2005	73	52
4	昆明理工大学	2003	41	16
5	北京有色金属研究总院	2001	35	19
6	中国科学院金属研究所	1997	28	22
7	北京科技大学	1998	21	19
8	华南理工大学	1999	21	11
9	广东省材料与加工研究所（原广州有色金属研究院）	2008	17	10
10	中南大学	2007	11	4

从各专利权人持有的专利申请量及有效专利数量来看，江苏大学、中国科学院金属研究所、北京科技大学拥有的有效专利占申请总量的比例较高，说明这些专利权人在该领域形成了自己独特的技术优势，并注重对专利的维护工作。

4.2.4 专利技术领域特征分析

4.2.4.1 颗粒增强金属基复合材料专利技术 IPC 分析

通过对采用国际专利分类法分类专利文献而得到的分类号（IPC分类号）进行统计分析，可得知各类专利申请在技术领域中所占的比重，了解各类技术研发的能力分布和成熟度，进而明确技术的发展趋势。表4-3是我国颗粒增强金属基复合材料产业高产专利 IPC 排名情况。

表 4-3 我国颗粒增强金属基复合材料产业高产专利 IPC 排名

排名	IPC	数量/件	主题
1	C22C1	1248	有色金属合金的制造
2	C22C21	528	铝基合金
3	C22C32	477	含氧化物、碳化物等的有色金属合金
4	B22F3	222	金属粉末制造工件或制品；所用专用设备
5	C23C24	175	镀覆
6	B22D19	170	在制品上、制品内、制品周围铸造，该制品成为产品的一部分
7	B22F1	163	金属粉末的专门处理
8	C22C23	157	镁基合金
9	C22C33	138	铁基合金的制造
10	C22F1	135	用热处理法或用热加工或冷加工法改变有色金属或合金的物理结构
11	C22C9	101	铜基合金

可以看出，我国颗粒增强金属基复合材料产业技术专利侧重在 C22C1、C22C21、C22C32、B22F3、C23C24 等大组中，具体专利技术涉及复合材料制备方法、制品或工件及所用的装置与设备等。其中 C22C1 大组占有量最多，主题是有色金属合金的制造技术研究。综合技术主题的排名分析可知，我国颗粒增强金属基复合材料产业技术的研发能力集中在铝基复合材料，该领域技术成熟度相对较高，其次为镁基复合材料、铁基复合材料和铜基复合材料领域。C22C32 大组的技术主题中说明了增强颗粒的种类，除了氧化物、碳化物，还包括硼化物、氮化物、硅化物或其他金属化合物（例如氮氧化合物）等。从制备技术来看，熔炼、粉末冶金、镀覆、热/冷加工是颗粒增强金属基复合材料广泛的技术手段。从应用来看，耐腐蚀、抗磨、高力学性能材料及产品是主要研究方向，与铸造、焊接、喷射成形、粉末冶金等制备技术相对应的专用设备装置也是技术方向之一。

根据基体材料的不同，对我国颗粒增强铝基复合材料、颗粒增强镁基复合材料、颗粒增强铜基复合材料、颗粒增强铁基复合材料、颗粒增强钛基复合材料、颗粒增强镍基复合材料六大主要领域的产业专利技术进行分析，从而识别各领域核心技术、重点技术发展趋势及开发应用情况。各技术领域的专利类型分布情况如图4-3所示。

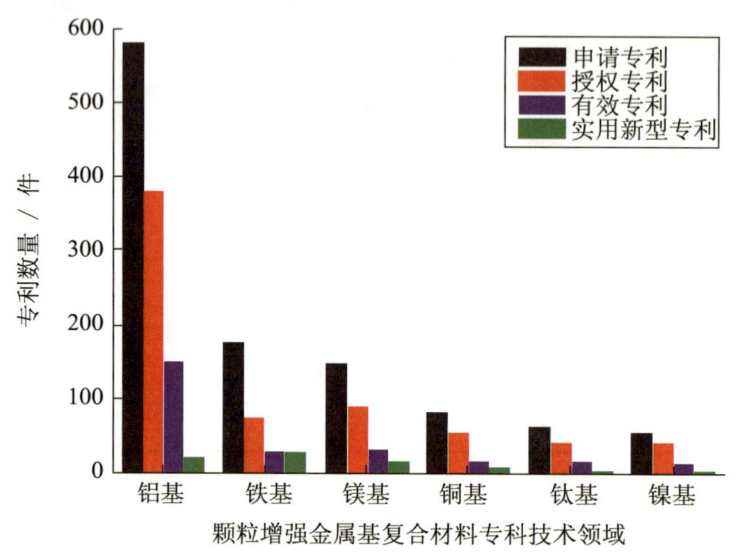

图4-3 我国颗粒增强金属基复合材料专利技术领域的专利类型分布

从图4-3可以明显看出，我国颗粒增强金属基复合材料的研究主要集中在铝基复合材料领域，对应申请、授权和有效的专利数量均比其他领域高出2倍以上，这是因为国内颗粒增强铝基复合材料起步早，制备技术多样，研究人群较多，涉及内容丰富。实用新型专利集中分布在颗粒增强铝基、铁基及镁基复合材料这3个申请数量最多的领域，主要是适用于复合材料制备的装备装置。每个领域有效专利申请数量只占了专利申请总量的20%左右，形成失效专利的原因是未缴年费、视为撤回、主动撤回、主动放弃、驳回，其中未缴年费是主要原因，这说明各个领域在专利申请的工作上非常积极，但缺乏对自己专利技术的持久维护。

4.2.4.2 颗粒增强铝基复合材料专利技术领域的特征分析

该领域共申请发明专利 579 件，实用新型专利 19 件，其中获得授权专利 378 件，有效专利 147 件。铝基复合材料从国外兴起，我国自 20 世纪 90 年代末开始颗粒增强金属基复合材料的研究，国内进行颗粒增强铝基复合材料研究水平较为先进的有上海交通大学、江苏大学、哈尔滨工业大学、北京有色金属研究总院和中国科学院金属研究所。目前该领域专利技术内容主要涉及颗粒增强铝基复合材料的制备技术、设备及装置、产品及应用、性能测试几大方面，具体如图 4-4 所示。

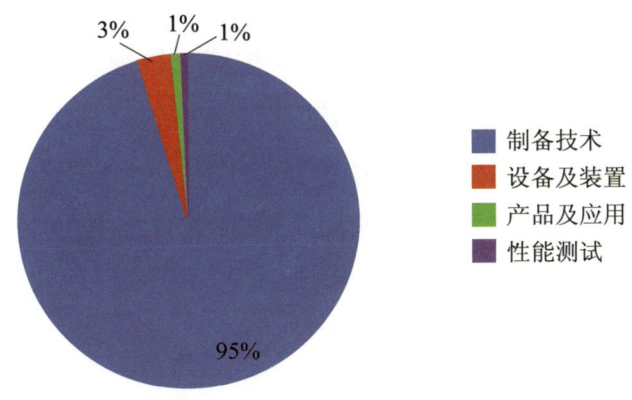

图 4-4 颗粒增强铝基复合材料专利技术特征分布

进一步分析可知，目前应用最广泛的增强体主要有碳化物（如 SiC、B_4C、TiC 等）、氧化物（如 SiO_2 及 Al_2O_3）、氮化物（如 TiN、AlN 及 Si_3N_4）、硼化物（如 TiB_2）等。制备颗粒增强铝基复合材料的专利技术以铸造和粉末冶金法为主，主要包括喷射共沉积、粉末冶金法、原位复合法、铸造法，以及无压浸渗、半固态加工、激光烧结、半连续铸造、镀覆、焊接、注射成形以及挤压铸造/粉末冶金附加轧制、锻压的交叉工艺等 10 多种/类。相适用的装置和设备（如专利号：CN201520939775.5，CN201420807578.3，CN200720090550.2）及相关产品如活塞（专利号：CN200810070196.6，CN201310389301.3）、缸套（专利号：

CN201110280272.8），刹车制动盘（专利号：CN201611222947.2，CN201420725583.X）也有知识产权保护。特别是，该领域有复合材料性能测试相关的专利，例如颗粒增强铝基复合材料组织均匀性评定方法（专利号：CN201110393628.9）等，这对衡量技术水平及制定产品质量标准很有意义。

4.2.4.3 颗粒增强铁基复合材料专利技术领域的特征分析

1994年，国内出现首个采用粉末冶金法制备铁基复合材料的专利——Al_2O_3颗粒增强型耐磨复合材料的制造方法（专利号：CN1118813A），自此，西安理工大学、四川大学、昆明理工大学、西安交通大学、广东省材料与加工研究所等针对抗磨、抗蚀、耐高温材料，相继开始进行包括外加和内生颗粒增强的铁基复合材料研发。主要为采用碳化物如TiC，VC，WC，Cr_7C_3，氧化物如Al_2O_3，SiO_2，ZrO_2，硼化物如TiB_2，氮化物如TiN等作为增强颗粒。该领域目前共申请发明专利175件，实用新型专利27件，其中获得授权专利72件，有效专利27件。该领域专利技术分布情况如图4-5所示。

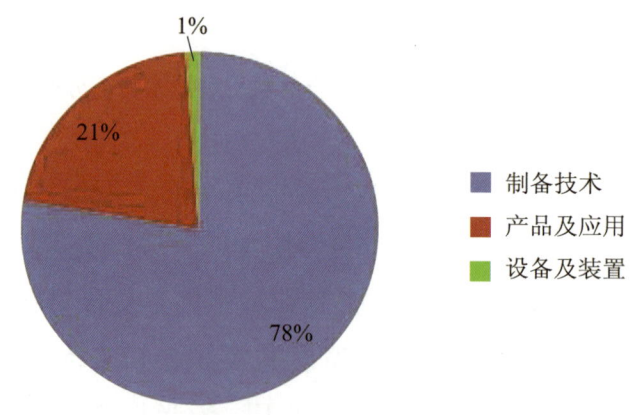

图4-5 颗粒增强铁基复合材料专利技术特征分布

从图4-5分析可知，我国颗粒增强铁基复合材料专利技术集中在复合材料的制备技术、产品及应用。制备技术方面，主要包括铸造法（消失模铸造、电磁铸造、负压铸造等）、粉末冶金法（自蔓延高温合成法、放电等离子烧结法、热压烧结法等)、表面激光熔覆、双液复合、焊接(堆焊)、熔铸－原位反应喷射成形等技术制备铁基复合材料。产品及应用相关专利,涵盖冶金工业、机械工业、水利水电工业、矿业工程等行业中使用的复合破碎壁、磨辊、衬板、锤头等耐磨产品的发明技术(专利号：CN201611038292.3, CN201611002238.3, CN201510081518.7 等)。用于铁基复合材料制备的专用设备与装置开发(专利号：CN201010250665.X)很少。

4.2.4.4 颗粒增强镁基复合材料专利技术领域的特征分析

国内出现颗粒增强镁基复合材料专利的时间在21世纪初,研究者在该领域进行了多方向的探索研究,南昌大学、哈尔滨工业大学、中国科学院金属研究所、大连理工大学是国内主要专利权人。该领域目前共申请发明专利146件、实用新型专利13件,其中获得授权专利88件,有效专利29件。图4－6是颗粒增强镁基复合材料专利技术特征分布图,进一步分析得出,该领域的专利技术主要集中在含Si颗粒(Si、SiO_2、SiC等)、含B颗粒(B_4C、TiB_2、ZrB_2等)、氧化物颗粒(MgO、Al_2O_3等)等增强镁基复合材料的制备,制备技术包括熔炼法、压力铸造、真空铸造、固液原位反应、粉末热压(专利号：CN100340684C, CN101177742A, CN1318625C, CN100487147C)。

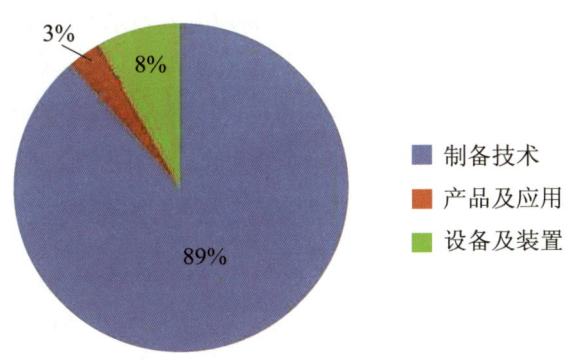

图4－6 颗粒增强镁基复合材料专利技术特征分布

在产品与应用方面，清华大学与鸿富锦精密工业有限公司联合，在耳机壳的研发及生产上取得了技术优势，抢占市场先机（专利号：CN101873520B，CN101854572B），上海交通大学取得了生物体内可降解的多孔镁基复合组织工程支架材料的技术专利（专利号：CN200710047941.0）。颗粒增强镁基复合材料的专用设备包括熔炼设备、半固态搅拌装置、复合锅具（专利号：CN201990717U，CN1013 86926B，CN204174261U，CN104232954B）等。

4.2.4.5 颗粒增强铜基复合材料专利技术领域的特征分析

该领域目前共申请发明专利79件，实用新型专利5件，其中获得授权专利54件，有效专利14件。颗粒增强铜基复合材料专利技术特征分布情况如图4-7所示。

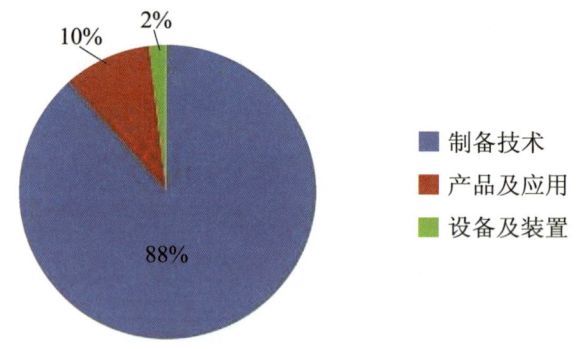

图4-7 颗粒增强铜基复合材料专利技术特征分布

由图4-7可知，该领域专利88%集中在复合材料的制备技术方面，进一步分析，制备技术主要是熔铸-原位合成、电铸、气压烧结、粉末冶金、喷射共沉积等。颗粒增强铜基复合材料的增强相主要有Al_2O_3、WC、TiB_2、Ti_3SiC_2、TiC，其中与Al_2O_3颗粒增强铜基复合材料相关的技术专利最多，并进入实用化阶段。产品及应用多见于电子封装、海洋工程（专利号：CN105420533A）、点焊电极（专利号：CN101748311A）、核能蒸汽管道（专利号：CN105441712B）、滑动轴承（专利号：CN103290255B）。该领域主要专利权人是中南大学、北京科技大学、昆明理工大学、上海交通大学。

4.2.4.6 颗粒增强钛基复合材料专利技术领域的特征分析

该领域目前共申请发明专利 61 件、实用新型专利 3 件,其中获得授权专利 41 件,有效专利 12 件。颗粒增强钛基复合材料专利技术特征分布如图 4-8 所示。

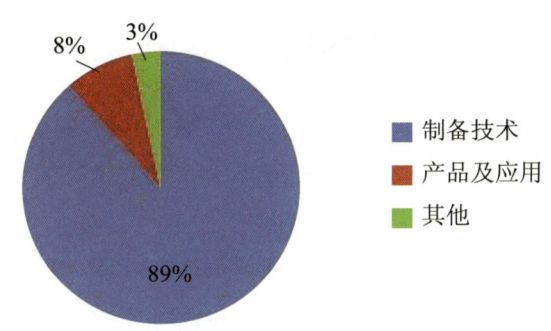

图 4-8 颗粒增强钛基复合材料专利技术特征分布

该领域专利的制备技术包括钎焊、粉末冶金、原位自生等方法,增强颗粒有 Ti_5Si_3、TiC、TiB、Mo_2C、VC 等(专利号:CN200910311943.5)。本领域的主要专利权人为上海交通大学、哈尔滨工业大学、南京航空航天大学,其余专利权人只拥有极少数的相关专利,说明我国在该领域的研究还处于起步阶段,技术比较落后。从应用来看,虽然有叶片盘、铁路车辆制动盘、耐磨轴瓦、骨科移植材料等目标产品的相关专利(专利号:CN101598139B,CN103205602B,CN103506625A),但都并不具备应用市场。反倒是对复合材料进行机加工及性能评价的相关专利具有创新性(专利号:CN201610294766.4,CN104296680B)。

4.2.4.7 颗粒增强镍基复合材料专利技术领域的特征分析

颗粒增强镍基复合材料具有良好的高温特性(高温抗氧化、抗热腐蚀、抗热疲劳及高温强度等),是用于制备涡轮发动机中重要受热部件的新型复合材料。该领域目前共申请发明专利 53 件、实用新型专利 2 件,其中获得授权专利 39 件,有效专利 9 件。与之相关的专利技术特征分布如图 4-9 所示。

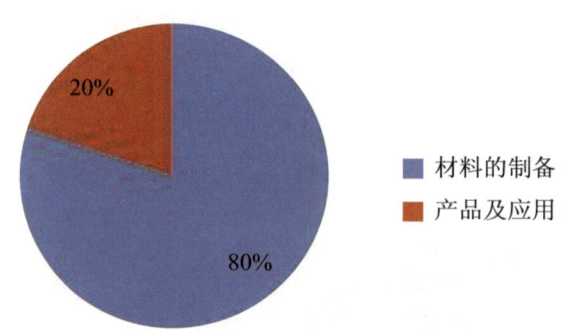

图 4-9　颗粒增强镍基复合材料专利技术特征分布

颗粒增强镍基复合材料的制备技术包括新材料研发、表面改性、粉末制备 3 个方面。可见的专利技术通过改进粉末烧结、3D 打印、电铸等制备工艺（专利号：CN201510113880.8，CN200510024033.0，CN200810233689.7，CN200910091602.1），并利用激光熔覆、喷涂、电沉积等手段对材料进行表面改性（专利号：CN201210567392.0），目的在于提高复合材料的耐磨性和抗腐蚀性能。

4.3　广东省颗粒增强金属基复合材料产业知识产权状况

广东省涉及颗粒增强金属基复合材料产业的相关专利，共有发明专利 58 件，其中授权 29 件，数量排名全国第 12；实用新型专利 9 件，其中授权 4 件，数量排名全国第 5，专利的申请及获授权数量是华南地区最多的省份之一。

4.3.1　专利权人分析

图 4-10 为广东省金属基复合材料产业专利的主要申请机构及申请量比例情况。从图中可以看出，广东省颗粒增强金属基复合材料产业的发明专利专利权人以高等院校为主，占 63%，其次是企业占 21%，科研院所占 16%。说明广东省颗粒增强金属基复合材料产业相关核心及创新技术

集中在高等院校，并以基础研究为主，前沿技术保持在实验室研究及探索阶段，企业为保护自主研发新产品的权益和经济利益，对相应技术及产品进行了知识产权保护，省内的科研院所也在进行颗粒增强金属基复合材料的研究，但可见的专利较少。

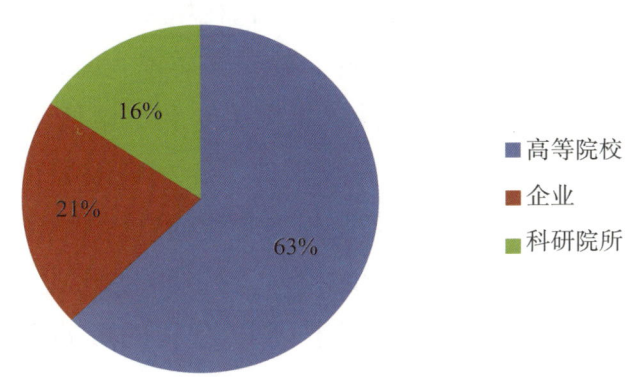

图 4－10　广东省颗粒增强金属基复合材料专利申请机构及申请量比例

经分析，华南理工大学是广东省内拥有颗粒增强金属基复合材料产业专利最多的专利权人，自 2004 年开始，该校开展了颗粒增强铝基、铁基、镁基、钛基、镍基复合材料的制备研究，并分别与广州金邦液态模锻技术有限公司和广州钢铁企业集团有限公司在铝基复合材料制备技术上有共同的知识产权（专利号：CN201510511594.7，CN200910038192.4），与佛山市领卓科技有限公司在颗粒增强镁基复合材料制备技术上有共同的知识产权。广东省材料与加工研究所（原广州有色金属研究院）立足耐磨产业发展，在高性能颗粒增强钢铁基复合材料制备与成形技术方面取得了众多突破，形成了一定的自主创新能力与基础，许多研究与技术处于国内领先水平，目前已实现颗粒增强钢铁基材料的稳定制备，其研发的目标产品包括衬板、磨辊、板锤等均已在中试基础上实现了产业化推广应用，产生了良好的经济效益和社会效益。

4.3.2　专利法律状态分析

按复合材料基体的不同，对广东省几大主要领域产业的专利情况进行分析。图4-11为广东省金属基复合材料主要产业领域专利的法律状态分布。从图中可以看出，广东省专利技术侧重于铝基、镁基、铁基复合材料及产品的制备和应用。其中，颗粒增强铝基复合材料的申请量最多，有24件，授权专利10件，处于实质审查阶段专利7件，失效专利6件，失效原因为未缴年费。其次申请量较多的是颗粒增强镁基复合材料，相关专利的申请量为15件，授权专利10件，处于实质审查阶段专利5件，没有失效专利。颗粒增强铁基复合材料产业相关专利，申请量为11件，授权专利6件，处于实质审查2件，失效3件，专利失效原因主要是未缴年费。铜基、钛基和镍基复合材料产业相关专利的申请量和授权量很少，说明广东省还少有在这三个领域产业的投入，另外的原因是出于保密，拥有技术的高校或企业不愿意将具体的技术以专利的形式公开，进行产权保护。

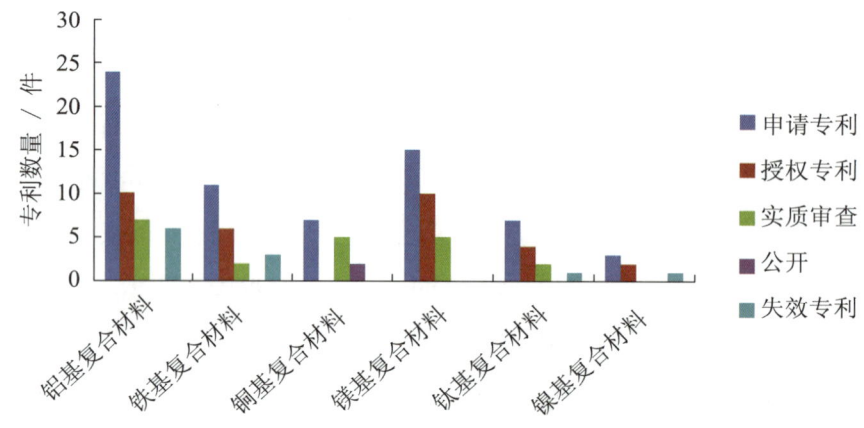

图4-11　广东省颗粒增强金属基复合材料产业专利法律状态

相比全国尤其是北京、上海等地，广东省在颗粒增强金属基复合材料产业领域的专利全国占有率小，申请量远远不足，仍需加大研发投入力度，增加专利的申请量及授权专利的持有量，扩大应用领域，显著提升核心技术，增强创新优势，以缩短与国内，进而缩短与世界先进结构复合材料顶尖水平的差距。

4.3.3 专利技术特征分析

表 4-4 是广东省颗粒增强金属基复合材料产业专利 IPC 排名情况。通过对 IPC 分类号进行统计分析,可得,广东省颗粒增强金属基复合材料的重点产业集中在铝基合金的开发、制备及生产,通过粉末冶金法和铸造法添加增强体制备性能优良的复合材料制品。

表 4-4 广东省颗粒增强金属基复合材料产业专利 IPC 排名

排名	IPC	数量/件	主题
1	C22C21/00	10	铝基合金
2	C22C32/00	7	含有化合物的有色金属合金
3	C22C1/10	5	含非金属的合金
4	B22D19/02	5	用于制造强化的制品
5	C22C1/05	5	金属粉末与非金属粉末的混合物
6	C22C1/04	3	粉末冶金法
7	C22C1/03	3	使用母(中间)合金
8	B22D23/04	3	用浸入方法的铸造
9	C22C1/03	3	制品为丝状或颗粒状

综上所述,广东省在颗粒增强金属基复合材料产业领域的技术应用并不广泛,技术创新优势在全国并不明显,相关产业链欠缺,只有高校在比较积极地进行相关研究。想要提升广东省在全国金属基复合材料产业领域的地位,必须加强技术链建设,形成"高校-研究所-企业"连贯一体的产学研结合模式,推动金属基复合材料产业的技术创新和推广应用。

参考文献

[1] 贺毅强. 颗粒增强金属基复合材料的研究进展 [J]. 热加工工艺, 2012, 41 (2): 133-136.

[2] 李林, 戚文军, 蔡畅, 等. 国内镁合金自主知识产权的关键共性技术-专利动态分析 [J]. 轻合金加工技术, 2010, 38 (10): 9-14.

[3] 李继林,郑开宏,高萌. 钢铁耐磨材料专利技术分析 [J]. 铸造技术, 2013, 34 (8): 941-948.

[4] 谭博天,李祥松. 专利情报分析在研发中的应用 [J]. 科技广场, 2015, 5: 242-245.

[5] 刘桂锋. 国内专利情报分析方法体系构建研究 [J]. 情报杂志, 2014, 33 (3): 16-21.

[6] 袁冰,朱东华,任智军. 基于数据挖掘技术的专利情报分析方法及实证研究 [J]. 情报杂志, 2006, 12: 99-101; 104.

[7] 王磊,沈金波. 专利情报分析方法研究 [J]. 图书馆学研究, 2006, 11: 2-3; 11.

5 钢铁基复合材料

5.1 概述

磨损（图 5-1）是摩擦学科之中的重要组成之一，也是机械零件失效的主要原因之一，同时也是工业材料和能源消耗的主要根源之一。据统计，大约 80% 的机械零件失效是由磨损引起的，其中因磨料磨损而失效的约占 50%。美国在 1976 年的调查显示[1]：每年磨损消耗所造成的损失约为 2000 亿美元，约占其国民经济

图 5-1 机械零件的磨损

总产值的 12%；据我国有关部门的不完全统计，每年由于机械零部件磨损而造成部件失效高达 500 万吨，直接经济损失约 800 亿元人民币，且其数值还在不断上涨，每年能耗的 1/3～1/2 是由磨损引起的，由此可见由磨损造成的损失是十分惊人的。据 1965 年乔斯特（N. P. Jost）报告指出，在采取有效的抗磨、减磨措施后，英国每年可节约 5.15 亿英镑，日本也在 1974 年节约 27.3 亿美元；同样，我国在 1984 年做过类似调查研究，结果显示在采用有效的抗磨、减磨手段后，每年可减少约 400 亿元人民币的损失。磨损失效通常发生在耐磨件工作面，往往要求磨损工作面具有较高硬度，而材料硬度提高的同时，其脆性也会相应地提高，在高应力冲击时容易发生整体断裂[2]。因此，既提高工作面的硬度和耐磨性，又保证整个耐磨件具有较高的韧性，是研究者们的共同目标。由于传统的钢铁耐磨材料已无法满足用户生产需求，而非金属耐磨材料也因其本身脆性大的特点限制了其应用范围，在综合金属耐磨材料和非金属耐磨材料的优点的基

础上，国内外学者将目光投向了陶瓷颗粒增强铁基复合材料，复合材料因增强相的加入，其表面硬度大幅提升，表现出良好的抗磨性能，基体又为表层复合材料提供了较好的韧性，获得兼具金属高强度、良好塑性和韧性以及陶瓷材料高硬度、高耐磨优点的新型耐磨复合材料，表现出较好的使用性能，可广泛应用于电力、矿山、机械、建材等诸多工业领域[3,4]。

5.2 技术现状分析

颗粒增强钢铁基复合材料是通过特定的制备工艺使硬质陶瓷颗粒弥散分布到钢铁基体中，以提高钢铁基体材料的耐磨损性能。在使用过程中钢铁基体为陶瓷颗粒提供支撑，陶瓷颗粒随着磨损量增加逐渐突出于金属基体从而阻碍金属基体的进一步磨损。外加陶瓷颗粒的目的是利用刚性增强颗粒的高强度、高模量、高硬度、高热稳定性、高化学稳定性等优点提高钢铁材料基体材料的抗磨损能力，提高材料的使用寿命。常见的增强陶瓷颗粒可分为两类：一类为氧化物陶瓷颗粒，如 Al_2O_3、ZrO_2、TiO_2 等；另一类为非氧化物类，如 WC、SiC、Si_3N_4、B_4C、TiB_2 等[5-10]。本部分将从目前国内外常见的颗粒增强钢铁基复合材料制备技术，以氧化物和非氧化物陶瓷增强相为主，分析颗粒增强钢铁基复合材料的技术现状。

5.2.1 颗粒增强钢铁基复合材料的制备技术

粉末冶金技术是开展研究最早的铁基体复合材料制备工艺。1959 年，Gatti[11]采用粉末冶金法制得 Al_2O_3 颗粒增强铁基复合材料。实验表明氧化物在钢铁基体中均匀分布提高了材料抗蠕变性能，该成果开启了铁基复合材料研究的先河，使得通过材料复合手段大力提高钢铁基复合材料的力学性能成为可能。1971 年，Navara[12]制取了基体中弥散分布 Al_2O_3 颗粒增强铁基复合材料，Al_2O_3 与基体的界面干净，无杂质，Al_2O_3 与基体结合紧密，在摩擦过程中，颗粒不易脱落，从而提高了材料的耐磨性能。1975年，Kiparisov[13]制取了 TiC 颗粒增强钢铁基复合材料，发现 TiC 颗粒的加入大幅提高了材料力学性能，材料的力学性能与组分含量有着极为密切的联系。Polishchuk[14]运用粉末冶金法将钛粉、炭黑与铁粉混合，在1300～2000 K区间烧制得到原位TiC铁基复合材料。原位合成的TiC与铁基体的润湿角小，当粒子与铁基体凝固时，更易被晶体凝固界面所捕捉，有利于粒子在复合材料基体中分布均匀，解决了颗粒增强相与界面之间的润湿性问题，使材料耐磨性大幅提升，且硬度很高，可运用于刀具，显示了原位合成技术的优势。王一三等[15]利用原位反应合成了VC颗粒增强铁基复合材料，制取的铁基复合材料是由大量细小VC球状颗粒组成，固态烧结硬度可达62HRC，在干滑动重载磨损条件下显示了良好的耐磨性能。

铸造法是一种优良的材料成形方法，具有工艺简单、成本低廉，易实现工业化生产及组织致密度高等特点。20世纪90年代是钢铁基复合材料快速发展并走向工业化的关键时期，成形工艺开始由固相烧结法转向铸造法。1990年，Kattamis[16]应用搅拌铸造法制备了TiC铁基复合材料，指出复合材料的耐磨损性能跟TiC颗粒的体积分数成正比关系，与陶瓷颗粒尺寸和颗粒间距成反比关系。原位反应铸造法在铸造过程中反应合成颗粒增强相，解决了基体与增强相之间润湿性差、颗粒分散不均及材料性能不稳定的问题，这些问题成了材料工作者的研究热点。

高温自蔓延工艺越来越受到关注，也称燃烧合成法，其最大的特点是利用反应过程中释放出的化学能来合成材料。因其工艺过程简单，能耗低，生产率较高及产品纯度很高而受到研究者追捧。英国的材料科学家采用高温自蔓延工艺制备了(W,Ti)C铁基复合材料，碳化物呈球状，平均尺寸小于$10\mu m$，均匀分布在基体中，结果表明，颗粒增强相比例越高，该复合材料的耐磨性能越好，耐蚀性能也越好[17]。高温自蔓延工艺制备铁基复合材料有很多优势，但一直以来复合材料的致密度不高是困扰其发展的主要原因。

近年来关于铁基表面复合材料的研究在不断增加。其中，研究最多的工艺是铸渗法。铸渗法起源于涂覆制造工艺，制备钢铁基表面复合材料就是将陶瓷颗粒或粉末等预先固定在型壁的特定位置上，将钢铁液浇入型腔里，利用钢铁液的热流密度，将陶瓷颗粒或者耐磨粉末附着在钢铁基体表面形成复合层，复合层具有耐磨、耐高温及耐蚀等特殊性能。2009年，李烨飞等[18]以机械破碎的硬质合金为增强颗粒，采用负压铸渗工艺制取颗粒增强高铬铸铁基复合材料，该复合材料的相对耐磨性达到高铬铸铁的3.5倍以上。

选区激光烧结技术是近年来才发展起来的新技术，此技术的出现促进了粉末冶金技术的进步，它是集激光技术、新材料、计算机技术于一体的快速原型制造技术。它无需添加任何粘结剂而一次性制备高致密度、高性能的复合材料零件。计算机控制高能激光束的移动、逐层熔解或烧结摊铺在磨具表面的复合材料粉末，从而烧结成高致密的零件。该工艺无需模压，且选区激光烧结技术可以用于直接制造模具。除以上方法外，制备钢铁基复合材料的方法，还有自生复合法、铝热还原法、碳热还原法和压嵌法等。铁基表面复合材料的制备工艺还包括电子束、表面铸焊法、激光辐射和溅射技术等。

5.2.2　非氧化物陶瓷颗粒增强钢铁基复合材料

利用高硬度的陶瓷颗粒与韧性较好的钢铁基体复合的耐磨件在工业中得到了成功应用，最常见的是以采用高铬铸铁、高锰钢或中低合金钢为基体的颗粒增强铁基复合材料耐磨件。非氧化物陶瓷颗粒作为增强颗粒来提高单一金属材料的性能，往往会选择碳化物、氮化物、硼化物，这些第二相增强颗粒都具有更优异的耐磨损性能。表5-1列出了主要碳化物陶瓷增强体的物理性能。碳化物作为增强相，主要优点是：①硬度高，中低冲击工况下耐磨性能良好；②大多与铁基体润湿良好，且能够实现冶金结合。

WC是其中的典型代表。西安交通大学耐磨课题组开发了一种具有钉扎作用的WC_p/铁基表面复合材料及其制备技术[19,20]，李秀兵等[21,22]通过对WC_p/铁基表面复合材料的铸渗工艺研究，发现在制备涂层或预制块时，除合理选用粘结剂与熔剂外，加入适当的辅助材料如铝粉、铬铁粉和钼铁

表 5-1 主要碳化物陶瓷增强体的物理性能

碳化物种类	晶体类型	显微硬度/GPa	熔点/℃	热膨胀系数（×10^{-6}）/℃$^{-1}$	热传导系数/(W·m^{-1}·K^{-1})	密度/(g·cm^{-3})	润湿角/(°)
碳化钛	TiC（fcc）	28～35	3067	7.40	21.0	4.91	28
碳化钨	WC（hex）	22（0001）	2870	a 5.2；c 7.3	63.0	15.80	0
碳化钨	W$_2$C（hcp）	—	2730	—	—	17.20	—
碳化铌	NbC（fcc）	19.6	3600	6.60	14.2	7.79	25
碳化铌	Nb$_2$C（hcp）	—	3080	—	—	7.85	—
碳化钽	TaC（fcc）	16.7	3950	6.30	22.1	14.50	—
碳化钽	Ta$_2$C（hcp）	—	3330	—	—	14.80	—
碳化钒	V$_2$C（hcp）	—	2187	—	—	5.75	—
碳化钒	VC（fcc）	27.2	2830	7.20	38.9	5.65	13
碳化铬	Cr$_3$C$_2$（hex）	10～18	1810	10.40	19.0	6.68	0
碳化硅	α-SiC	24.5～28.2	2545	5.12	41.0	3.211	—
碳化硅	β-SiC	—	2830	3.80	25.5	3.214	—
碳化硼	B$_4$C	27.4～34.3	2400	4.30	30.0	2.52	—

注：fcc 表示面心立方紧密堆积结构；hcp 表示六方紧密堆积结构；hex 表示简单六方结构。

粉，可部分消除金属基体与颗粒界面上的氧化铁夹渣缺陷，同时可有效改善复合材料中的基体组织和性能。在此基础上，开发了相应的复合铸渗剂

（粘结剂+熔剂+辅助材料），用于制备 WC_p 增强铁基表层复合材料轧钢导位板，经在宝钢集团上海五钢有限公司带钢厂热轧车间连轧机组成品机架上使用，WC 颗粒增强灰铸铁基复合材料导卫板的使用寿命是普通灰铸铁导位板的 5 倍以上，减少了更换导位板的次数，提高了成品带钢的品质。

李烨飞等[23,24]对比研究了 WC_p/Cr20 高铬铸铁复合材料与 Cr20 高铬铸铁的三体磨料磨损性能，结果显示复合材料的耐磨性明显优于高铬铸铁的耐磨性，最高可以达到高铬铸铁的 7 倍以上，且随着磨损时间的延长，复合材料的耐磨性呈逐渐升高的趋势，而高铬铸铁的耐磨性随磨损时间的延长几乎不变，如图 5-2 所示。

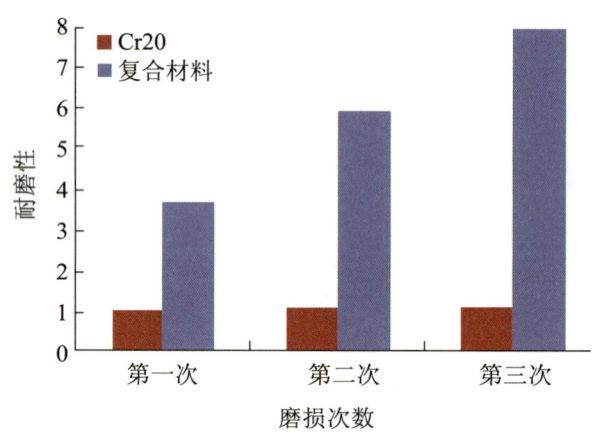

图 5-2　复合材料的三体磨料磨损实验结果[23]

另外 TiC、SiC 等作为增强相也是国内外学者关注的热点。TiC 是一种硬度相对较高的碳化物，维氏硬度在 19.6～31.4GPa，通过控制凝固过程，可以在 Fe-Ti-C 合金熔体中原位析出 TiC 增强相[25]。作为增强相提高铁基体材料的强度来说，SiC 比 Cr_3C_2、TiC 和 Ti（C,N）具有更明显的作用能力，其原因是 SiC 具有更高的断裂韧性和硬度，并且 SiC 在铁基体中发生了一定的熔解，这些都是提高复合材料的关键因素[26]。国内有学者与法国同行合作，开发了选择性激光熔覆技术制备 SiC/Fe 复合材料，其中 SiC 含量体积分数为 5%（质量分数为 2.2%），由于加入量较少，复合后密度从 7.74g/cm³ 下降为 7.73g/cm³，复合材料的抗拉强度为（764±15）MPa，而同样采用选择性激光熔覆制得的基体材料极限拉伸强度为（357±22）MPa[27]。Wen 等[28]制备了 NbC 增强不锈钢基复合材料，显示出优异的耐蚀性能。

作为钢铁基复合材料增强相的陶瓷颗粒，除了要具有高模量、高强度、耐磨性能好以及较好的热稳定性外，同时还需要其与钢铁基体在物理化学性能上具有合适匹配性。另外，作为增强颗粒还需要具有较为广泛的原料来源，并具有便于推广的原料价格优势。如前所述，国内外钢铁基耐磨复合材料研究较成熟的是碳化钨陶瓷，但它主要的缺点是：①与钢铁基体热膨胀系数差别大[29]，导致凝固冷却后界面存在较大的残余应力，引起部件的早期开裂失效；②WC 比重大，复合后明显加大了耐磨件产品的重量，导致使用过程能耗高；③WC 价格高，限制了大范围推广。SiC 陶瓷具有导热性好，弹性模量高，抗氧化能力强等优点，且其与钢铁材料具有较为接近的膨胀系数，二者有良好的物理匹配性，是理想的钢铁基复合材料的增强相。但研究显示，颗粒与铁液发生剧烈的化学反应，且在界面产生脆性的铁硅化合物和片状石墨组织，降低其界面结合强度[30]。因此，具有更好性价比的氧化物陶瓷作为增强相，工程意义重大。

5.2.3 氧化物陶瓷颗粒增强钢铁基复合材料

目前，用于陶瓷颗粒增强钢铁基复合材料的氧化物增强陶瓷主要是 Al_2O_3 材质。Al_2O_3 陶瓷与钢铁材料具有良好的物理性能匹配，二者具有较为接近的线膨胀系数（钢铁材料平均：$11×10^{-6}℃^{-1}$，氧化铝陶瓷：$7.1 \sim 8.4×10^{-6}℃^{-1}$），并且 Al_2O_3 陶瓷具有来源广泛、价格低廉的特点，为该材料的规模化、批量化生产提供了可能，但是 Al_2O_3 陶瓷与金属液几乎不润湿，制备难度较大，成为阻碍该技术发展的关键因素。目前，针对 Al_2O_3 陶瓷颗粒与铁液不润湿的问题，国内外学者做了大量的研究，并取得了一定的进展[31,32]。另外，Al_2O_3 陶瓷颗粒脆性较大的缺点也是影响复合材料性能的主要因素，针对此问题也出现了很多对 Al_2O_3 陶瓷的性能进行改进的措施，其中最具代表性的就是 ZrO_2 增韧 Al_2O_3（ZTA 陶瓷或锆刚玉陶瓷）技术，且目前 ZrO_2 增韧 Al_2O_3 陶瓷已经实现工业化生产，为陶瓷颗粒增强金属基复合材料提供了一种既具备 Al_2O_3 优良耐磨性同时又具有良好韧性的增强体颗粒[33]。研究发现[34]，与不锈钢、Ni 基合金、WC-Co 硬质合金相比，ZrO_2 陶瓷具有更低的磨损率，这是由于：①ZrO_2 韧性好，很少发生穿晶裂纹扩展；②与磨料（二氧化硅）形成了有润滑作用的富硅玻璃体釉层起到了保护作用。

目前，部分钢铁基复合材料制备技术已在一些严酷的磨损工况下实现了工业化应用。比利时 Magotteaux 公司发明了 X-win 复合材料制备技术，将高硬度异质陶瓷颗粒制备成多孔陶瓷芯板，镶嵌在立磨高铬合金磨盘（磨辊）表层，实际应用表明该公司生产的合金辊套比 NihardIV 合金及高 Cr 合金辊套的寿命提高 1 倍以上，破碎机锤头比合金锤头使用寿命提高 1～1.8 倍，对国内耐磨材料产业提出了挑战。西安交通大学材料学院研制的 WC 颗粒增强轧钢导位板和溜槽板虽已实现工业化生产和应用，但陶瓷颗粒与金属基体的界面结合差、陶瓷颗粒分布不均匀、表面复合层的厚度小等问题仍有待解决。因此，如何打破国外垄断，研制兼具强韧性和耐磨性的钢铁基耐磨复合材料并实现其工业化应用，已成为我国钢铁耐磨材料产业所面临的迫切任务。广东省材料与加工研究所在这方面做了大量工作。ZTA 是利用四方 ZrO_2 马氏体相变来改善陶瓷材料的韧性，当 ZrO_2 陶瓷受到外加应力作用时，其中的四方相 ZrO_2 颗粒会转变成同素异构体单斜 ZrO_2，同时产生 3%～5% 的体积膨胀，吸收应变能并弥合裂纹，从而提高材料的断裂韧性。ZTA 陶瓷颗粒线膨胀系数更加接近钢铁材料，在兼具良好韧性的同时，更适合于通过铸渗法制备复合材料，是未来颗粒增强铁基表面复合材料的发展方向。图 5-3 是目前利用该技术生产的复合板锤与复合磨辊，其耐磨损性能是高铬铸铁材料的 2 倍以上。

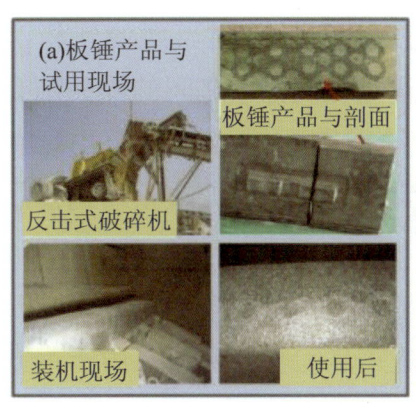
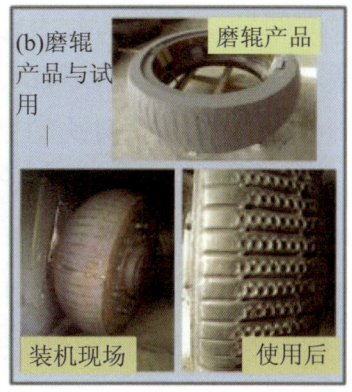

图 5-3　ZTA 增强钢铁基复合材料板锤、磨辊产品与使用情况

但目前 ZTA 陶瓷颗粒增强铁基复合材料仍存在一些问题，ZTA 与钢铁液润湿性较差，这导致在普通铸渗法制备得到的 ZTA 陶瓷颗粒增强铁基复合材料中，二者之间界面多为机械结合，界面结合强度不高，在受到外应力作用时陶瓷颗粒容易从钢铁基体剥离，降低了复合材料的耐磨性能。因此，还需进一步改善 ZTA 与铁基体之间的润湿性才能提高复合材料的界面性能，从而提高耐磨性能。

钢铁基复合材料是目前应用较广的工程结构材料，其硬度和熔点会使其有优异的抗磨性和高温性能，具有良好的发展前景。制备工艺由最初的固相法向目前液相法进行集中，液相法除了可以降低成本、简化工艺、提升性能外，还可以制备复杂外形的零件，可适应现代工业生产的需要。但是，钢铁基复合材料在工艺方面还存在不少问题，如固相法（粉末冶金法）大多需要真空设备，设备投入较高；液相法增强相由于受到铸造性能如流动性的影响，比例不宜过高，且存在产品质量不稳定，以及二次加工困难等问题。虽然钢铁基复合材料在制备工艺、组织改善、结构调整、力学性能等方面取得了一定的进展，但开发出适合实际生产的产品仍然很欠缺。从未来工程材料的发展来看，具有高温性能优良、环保节能、耐磨的钢铁基复合材料将会有较大的发展，今后的研究和发展的方向应主要集中在以下几个方面：

（1）界面问题。主要是在陶瓷体制备、陶瓷表面处理和铁合金添加活性元素等方面进行研究,以解决陶瓷与铁合金之间的界面结合问题。

（2）制备成形问题。钢铁基复合材料耐磨损性能突出,在采矿、冶金、水泥、机械等领域工程意义重大,如何实现大型耐磨构件净成形制备技术的突破尤为关键。

（3）摩擦磨损机制的研究。目前的理论模型与实际磨损工况仍不完全吻合,说明其摩擦磨损机制仍需进一步完善。同时,由于钢铁基复合材料多用于高温恶劣环境中,所以特别对于它的高温摩擦磨损机制需要深入研究,为技术开发提供理论指导。

5.3 技术壁垒分析

根据钢铁基复合材料领域的技术组成,钢铁基复合材料主要制备技术为粉末冶金法、铸渗法、高温自蔓延法等,专家们分析了阻碍钢铁基复合材料产业目标实现的技术壁垒要素及其可能形成的原因（表5-2）。

表5-2 钢铁基复合材料技术壁垒要素及其形成原因和解决方案

技术壁垒要素	判断值	可能原因分析	可能解决方案
粉末冶金			
大尺寸构件制备困难	9.10	设备尺寸受限；工艺技术不成熟	采用大尺寸冷热等静压设备,采用后续加工；粉浆铸造,粉体锻造
复合材料制品致密度低	9.04	设备压制能力有限,烧结动力不足；基体与增强体润湿性研究不深入	采用高压设备,如热等静压方法、活化陶瓷颗粒,改善烧结工艺和增加后续加工改善；合理的合金元素或助烧剂的选择,增强体表面改性
均匀性问题	8.28	粉体颗粒尺寸不均一	改变混料方法；分级选择粉体材料；机械合金化

续上表

技术壁垒要素	判断值	可能原因分析	可能解决方案
高温自蔓延（原位生成）			
增强相尺寸、形貌及分布难以控制	9.62	原位反应过程较难控制，无法实时直观控制	合金设计、工艺参数调控、装备设计相结合，优化工艺参数，统计分析组织形貌与工艺关系；通过合金设计或添加辅助剂引入形核点，促进定位析出增强相
增强相等体积参数受限	9.37	工艺控制不稳定，与组织关系研究不深入	改善设备工艺控制精度，结合热力学模拟分析，建立相关关系
增强体材料种类受限	8.38	原位自生增强相相关研究分散；增强相原位反应机制理论尚不深入	加深机制理论研究，引入体系热力学和动力学模拟，建立数据库多相反应过程综合利用
铸渗（无压浸渗）			
缺乏准确的预制体评价技术	10	强度与粒径大小联系问题	采用3D-工业CT评价技术、三维XRD技术、压汞仪法联合评价
预制体质量差、开裂导致无增强相存在	9.73	预制体成形质量差，存在缺陷；低体积分数下，增强体的连接方式设计欠缺	选择合适粘结剂和煅烧工艺，改善预制体质量
缺乏复杂、大型形状构件制备技术	8.75	预制体结构单一；构件缺陷控制困难	采用3D打印预制体；严格控制工艺技术；设计新型熔渗通道；改进铸造浇道系统，设计具有动态补缩功能的冒口系统以及型砂退让性局部控制
预制体孔道联通性及其尺寸可控性差	8.65	预制体孔道设计缺乏；增强体颗粒的堆积方式设计欠缺	增强体粒径选取窄粒度分布和近球型；提高增强体颗粒设计技术及尺寸可控性

钢铁基复合材料多作为大型耐磨损工业构件，要求其在工作端面发挥其耐磨耐腐蚀功能，在支撑部位高韧，因此在复合材料结构设计上需考虑实际应用环境，增加了制备控制难度。目前钢铁基复合材料在水泥、电力、船舶、机械等领域实现大尺度耐磨构件净成形制备是大势所趋，可大幅度降低制备与加工成本，但是针对5吨以上的大型钢铁基复合材料耐磨构件的制备亟须突破。大型钢铁基复合材料产品构件的回收利用可减少资源浪费，但目前回收链形成缓慢。

5.4 研发需求分析

为了突破广东省金属基复合材料产业涉及的关键技术难点，实现广东省金属基复合材料产业的愿景目标和产业目标，经过各专家深入研讨和问卷调查，凝练出广东省金属基复合材料产业的技术研发项目。研发项目的优先级由专家逐一评定，最终达成共识。通过专家对研发项目的研讨和分值判定后，路线图制定工作组进行统计，将项目按等级划分并进行排序（顶级★、高级▲、中级●），研发项目排序的目的是为政府在项目立项和相关政策制定方面提供可靠的依据。其中，涉及钢铁基复合材料的研发项目如表5-3所示。

表5-3 广东省钢铁基复合材料研发项目指南

编号	研发项目	优先级	专家判定值	排序
1	抗冲击磨损钢铁基复合材料制备技术及应用	顶级★	9.58	1
2	磨损工况下钢铁基复合材料制备技术及应用	顶级★	8.85	2
3	海洋工程装备用高抗冲刷磨损性制备技术开发	顶级★	8.85	2
4	高效低成本钢铁基复合材料制造成套装备开发	高级▲	8.25	4
5	高强度陶瓷预制体结构设计与高效制备技术	高级▲	8.13	5
6	高强韧陶瓷颗粒在钢铁基复合材料中的应用技术	中级●	7.69	6
7	钢铁基复合材料构件的堆焊修复技术与应用	中级●	7.25	7

在钢铁基复合材料相关的研发项目中,确定了 3 项顶级研发项目,分值在 8.75 分以上;2 项高级研发项目,分值在 8 分以上;2 项中级研发项目,分值在 7 分以上。

研发需求项目的时间节点分为近期(<3 年)、中期(3~10 年)、远期(>10 年),通过头脑风暴法研讨并最终经过专家评定,钢铁基复合材料的研发需求项目时间节点排序如表 5-4 所示。分析结果表明,钢铁基复合材料近期(<3 年)的研发需求项目为 5 项,中期(3~10 年)的研发项目为 2 项,远期(>10 年)研发项目无。

表 5-4 钢铁基复合材料研发项目实施的时间节点

时间节点	研发项目	优先级
近期 (<3 年)	抗冲击磨损钢铁基复合材料制备技术及应用	顶级★
	磨损工况下钢铁基复合材料制备技术及应用	顶级★
	高强度陶瓷预制体结构设计与高效制备技术	高级▲
	高强韧陶瓷颗粒在钢铁基复合材料中的应用技术	中级●
	钢铁基复合材料构件的堆焊修复技术与应用	中级●
中期 (3~10 年)	海洋工程装备用高抗冲刷磨损性制备技术开发	顶级★
	高效低成本钢铁基复合材料制造成套装备开发	高级▲

5.5 研发项目描述

绘制技术路线图的重要环节是对已凝练的研发需求项目进行组织主体和技术发展模式分析,并对其风险性进行分析,通过各方专家研讨综合评分,确定各研发项目的风险性(高、中、低)。

以专家确定的钢铁基复合材料研发需求项目,设计风险分析调查问卷,经统计计算,最终确定的风险分析结果如图 5-4 所示。按风险性和优先级划分执行排序,以低风险顶级研发需求项目为先,依次为中等风险顶级研发需求项目、低风险高级研发需求项目、中等风险高级研发需求项目、低风险中级研发需求项目、中等风险中级研发需求项目。

	低风险	中等风险
顶级 ★	抗冲击磨损钢铁基复合材料制备技术及应用 磨损工况下钢铁基复合材料制备技术及应用	海洋工程装备用高抗冲刷磨损性制备技术开发
高级 ▲	高效低成本钢铁基复合材料制造成套装备开发	高强度陶瓷预制体结构设计与高效制备技术
中级 ●	钢铁基复合材料构件的堆焊修复技术与应用	高强韧陶瓷颗粒在钢铁基复合材料中的应用技术

图 5-4　钢铁基复合材料研发项目实施的风险性

研发主体分析是对经过专家研讨确定的研发需求项目进行实施主体的确认。分为政府资助、产业开发和企业研究三个层面，其中产业开发主体为高校和科研院所独立实施或联合实施，三个层面相互之间可联合完成，也可独立完成。以专家确定的钢铁基复合材料研发需求项目研发组织主体分析如表5-5所示。通过调查问卷得到的结果显示：钢铁基复合材料研发需求项目主要由产业开发与企业合作共同完成，其中有企业主导、产业主导和共同主导之分，政府组织在其中主要起指导和辅助作用。

在技术发展模式分析中，依据钢铁基复合材料研发项目在产业发展中可能出现的国内外技术壁垒的制约和实施突破的方法，需要对研发项目的技术模式进行甄别，分为自主研发、国外技术引进以及国内技术合作。对专家填写的调查问卷进行整理分析，绝大部分研发项目均为以国内自主研发为主的技术发展模式，其余为国内技术合作，具体结果见图5-5。

经专家研讨及相应调查问卷的数据统计分析，广东省钢铁基复合材料产业未来10年发展的主导方向为低成本、高效率、多品种、高性能以及整体配套的工艺流程，以期制定出符合现代化生产的工艺，以适应大规模工业化生产，研发主体以产业与企业为主，进行产学研结合，技术发展模式为自主研发与技术合作相结合的方式。

5 钢铁基复合材料

表 5-5 钢铁基复合材料研发项目研发组织主体分析

优先级	研发项目	企业	产业	政府	研发主体
顶级★	抗冲击磨损钢铁基复合材料制备技术及应用	50%	42%	8%	产学研企业、产业共同主导
顶级★	磨损工况下钢铁基复合材料制备技术及应用	65%	31%	4%	产学研企业主导
顶级★	海洋工程装备用高抗冲刷磨损性制备技术开发	23%	46%	31%	产学研产业主导
高级▲	高效低成本钢铁基复合材料制造成套装备开发	52%	32%	16%	产学研企业主导
高级▲	高强度陶瓷预制体结构设计与高效制备技术	50%	27%	23%	产学研企业主导
中级●	高强韧陶瓷颗粒在钢铁基复合材料中的应用技术	50%	42%	8%	产学研企业、产业共同主导
中级●	钢铁基复合材料构件的堆焊修复技术与应用	61%	31%	8%	产学研企业主导

技术发展模式	近期（<3年）	中期（3~10年）
自主研发	★抗冲击磨损钢铁基复合材料制备技术及应用 ★磨损工况下钢铁基复合材料制备技术及应用 ▲高强度陶瓷预制体结构设计与高效制备技术 ●高强韧陶瓷颗粒在钢铁基复合材料中的应用技术 ●钢铁基复合材料构件的堆焊修复技术与应用	无
技术引进	无	无
技术合作	无	★海洋工程装备用高抗冲刷磨损性制备技术开发 ▲高效低成本钢铁基复合材料制造成套装备开发

图 5-5 钢铁基复合材料研发项目技术发展模式分析

参考文献

[1] Eyre T. Wear characteristics of metals [J]. Tribology International, 1976, 9 (5): 203-212.

[2] 何奖爱, 王玉伟. 材料磨损与耐磨材料 [M]. 沈阳: 东北大学出版社, 2001.

[3] Tang S, Gao Y, Li Y. Recent developments in fabrication of ceramic particle reinforced iron matrix wear resistant surface composite using infiltration casting technology [J]. Ironmaking & Steelmaking, 2014, 4 (18): 633-640.

[4] 张国赏, 魏世忠, 韩明儒. 陶瓷颗粒增强钢铁基复合材料 [M]. 北京: 科学出版社, 2013.

[5] Zheng K, Gao Y, Li Y. Three-body abrasive wear resistance of iron matrix composites reinforced with ceramic particles [J]. Journal of Engineering Tribology, 2014, 228 (1): 3-10.

[6] 王瑞. ZTA 陶瓷颗粒增强高铬铸铁基复合材料的磨损性能研究 [D]. 广州: 华南理工大学, 2013.

[7] 赵散梅. 陶瓷颗粒增强高铬铸铁基表层复合材料的制备与磨损性能研究 [D]. 长沙: 中南大学, 2012.

[8] Li J, Zong Y, Wang Y, et al. Experiment and modeling of mechanical properties on iron matrix composites reinforced by different types of ceramic particles [J]. Materials Science and Engineering A, 2010, 527 (29): 7545-7551.

[9] 周永欣. SiC 颗粒增强钢基表面复合材料的制备及冲蚀磨损性能研究 [D]. 西安: 西安建筑科技大学, 2007.

[10] 范瑞瑞. 原位合成法制备 Al_2O_3 颗粒增强铁基复合材料 [D]. 洛阳: 河南科技大学, 2012.

[11] Gatti A. Iron alumina materials [J]. Transactions AIME, 1959, 215 (5): 735-755.

[12] Navara E, Easterling K E. Observations on the decohesion of oxide particles in a deformed iron base matrix [J]. Jernkont Ann, 1971, 155 (8): 438-441.

[13] Kiparisov S S, Narva V K, Kolupaeva S Y. Dependence of the properties of titanium carbide steel material upon the composition of the titanium carbide [J]. Soviet

Powder Metallurgy and Metal Ceramics, 1975, 14 (7): 549-551.

[14] Polishchuk V S, Nalika G D. Composite magneto abrasive TiC/Fe, VC/Fe, and Cr$_2$C/Fe powder [J]. Soviet Powder Metallurgy and Metal Ceramics, 1983, 22 (3): 238-242.

[15] 王一三, 丁义超, 程凤军. 固相反应生成 VC 颗粒增强铁基复合材料 [J]. 热加工工艺, 2004, 33 (9): 9-14.

[16] Kattamis T Z, Suganuma T. Solidification processing and tribological behavior of particulate TiC ferrous matrix composites [J]. Materials Science and Engineering A, 1990, 128 (2): 241-252.

[17] Degnan C C, Kellie J L F, Wood J V. The wear behavior of iron base alloys containing (W, Ti) C produced by self-propagating high temperature synthesis [D]. Nottingham: University of Nottingham, 1996.

[18] 李烨飞, 高义民, 王必辉. 硬质合金颗粒增强铁基复合材料的三体磨料磨损性能 [J]. 西安交大学报, 2009, 5: 55-60.

[19] 李秀兵, 邢建东, 高义民, 等. 一种制备 WC$_p$ 增强铁基表层复合材料用复合剂 [P]. ZL 200510043187.4. 2007.

[20] 李秀兵, 方亮, 高义民, 等. 一种制备碳化钨颗粒增强钢基表层复合材料用复合剂 [P]. ZL 200510043188.9. 2007.

[21] 李秀兵, 高义民, 邢建东, 等. 砂型铸造颗粒增强灰铸铁基轧钢导位板的研制 [J]. 铸造技术, 2004, 2: 95-96.

[22] 祁小群, 李秀兵, 高义民. WC 颗粒增强高铬铸铁基表面复合材料喷射口衬板的研制 [J]. 铸造技术, 2002, 5: 282-284.

[23] 李烨飞, 高义民, 邢建东, 等. 一种破碎机复合材料锤头及其负压铸造方法 [P]. ZL200910021867.4. 2010.

[24] 李烨飞, 高义民, 邢建东, 等. 一种破碎机复合材料锤头及其铸造方法 [P]. ZL200910021871.0. 2011

[25] 卢高. 45 钢表面激光合金化原位自生 TiC 增强相 [J]. 热加工工艺, 2017, 46 (20): 146-148.

[26] Song B, Dong S, Coddet P, et al. Microstructure and tensile behavior of hybrid

nano-micro SiC reinforced iron matrix composites produced by selective laser melting [J]. Journal of Alloys and Compounds, 2013, 579: 415 – 421.

[27] Yi D, Yu P, Hu B, et al. Preparation of nickel-coated titanium carbide particulates and their use in the production of reinforced iron matrix composites [J]. Materials and Design, 2013, 52: 572 – 579.

[28] Wen H, Ye Z, Zhu Y, et al. Fabrication and characterization of microstructure of stainless steel matrix composites containing up to 25 vol% NbC [J]. Materials Characterization, 2016, 119: 65 – 74.

[29] Wang J, Li L, Tao W. Crack initiation and propagation behavior of WC particles reinforced Fe-based metal matrix composite produced by laser melting deposition [J]. Optics and Laser Technology, 2016, 82: 170 – 182.

[30] 曹菊芳, 汤文明, 赵学法, 等. SiC/Fe_3Al 界面的固相反应 [J]. 中国有色金属学报, 2008, 18 (5): 812 – 817.

[31] Travitzky N, Kumar P, Sandhage K H, et al. Rapid synthesis of Al_2O_3 reinforced Fe-Cr-Ni composites [J]. Materials Science and Engineering A, 2003, 344: 245 – 252.

[32] Lemster K, Graule T, Minghetti T, et al Mechanical and machining properties of X38CrMoV5-1/Al_2O_3 metal matrix composites and components [J]. Materials science and Engineering A, 2006, 420: 296 – 305.

[33] 梁晓峰, 杨世源, 尹光福. 氧化锆增韧氧化铝陶瓷复合粉体的研究进展 [J]. 山东陶瓷, 2004, 27 (1): 13 – 16.

[34] Antonov M, Hussainova I, Veinthal R, et al Effect of temperature and load on three-body abrasion of cermets and steel [J]. Tribology International, 2012, 46: 261 – 268.

6 铝/镁基复合材料

6.1 概述

航空航天和汽车工业等高科技领域所应用的零部件逐渐向轻量化、多功能和高精度方向发展，这对轻质高性能结构材料的设计提出了更为苛刻的要求[1]。铝基复合材料的相关研究开始于20世纪50年代。近年来无论是在理论研究还是技术应用上都取得了较大进步，是众多金属基复合材料中发展较快的一种，也是当今国内外同类材料发展和研究的主流之一[2]。由于镁是世界上可获得的最轻结构金属，密度为 $1.74g/cm^3$，仅为铝的2/3，镁基复合材料与铝基复合材料相比有望获得更高的比强度、比刚度及独特的物理性能，在新兴和传统行业中的应用潜力也很大。但镁基复合材料研究起步较晚，从20世纪80年代开始，逐渐成为金属基复合材料的研究热点之一[3]。

参照金属基复合材料的分类方法，铝基复合材料和镁基复合材料按照增强体类型可分为：纤维增强金属基复合材料、晶须增强金属基复合材料、颗粒增强金属基复合材料、层状复合材料等。根据实际的结构及性能使用要求，增强相多种多样。目前应用最广泛的增强体材料主要有碳化物（如 SiC 及 TiC）、氧化物（如 SiO_2 及 Al_2O_3）、氮化物（如 TiN、AlN 及 Si_3N_4）、硼化物（如 TiB_2）等。随着碳材料及二维材料的研究逐渐深入，新型铝/镁基复合材料如石墨烯增强的纳米复合材料、碳纳米管增强及纳米相增强的铝/镁基复合材料相继问世。在铝/镁基复合材料中，颗粒增强铝/镁基复合材料具有生产制备工艺简单、增强体价格低廉、易近终成形、易机械加工、成本相对较低等特点，且往往具有较高的比强度和比模量，材料使用性能（如耐磨损性、耐腐蚀性及耐热性）较为优良，易于采用传统工艺方法制备和加工，可实现批量和大规模商业生产，制备的材料及产品表现出良好的尺寸稳定性和各向同性，因而备受研究者及生产商的关注。

得益于颗粒增强铝/镁基复合材料的快速发展，军事及民用工业中已经出现了不少应用实例，尤其在航空航天、军用装备、交通运输工业、电子信息、医疗器械、精密仪器和体育等领域展现出较大的市场需求及应用前景。少数国家（如美国、日本、法国和加拿大等）已经进入了应用阶段，并由此产生了显著的经济效益。相对来说，我国在该领域的起步较晚，国内较早开始从事颗粒增强铝/镁基复合材料研究的单位主要有北京有色金属研究总院、北京航空材料研究院、哈尔滨工业大学、中国科学院金属研究所、上海交通大学及中南大学等，其中北京有色金属研究总院国家有色金属复合材料工程技术研究中心是国内的重要中试基地，拥有粉末冶金、搅拌铸造、喷射共沉积和压力铸造等几种主要的制备技术，相关技术如机械合金化粉末冶金技术已经达到了国际先进水平[4]。上海交通大学则建立有复合材料相关研究的国家重点实验室，在技术研究方面走在前列。

总体来说，颗粒增强铝/镁基复合材料在技术研究领域还有很长一段路要走，无论是材料的设计、开发及制备技术，还是后续的二次加工及优化技术等。打破国外技术垄断，开发出具有自身技术特点的颗粒增强铝基复合材料和镁基复合材料，并实现工业化和产业化是国内相关研究者的使命所在。以下重点分析颗粒增强铝基复合材料和镁基复合材料的技术研究现状。

6.2 技术现状分析

颗粒增强铝基复合材料和镁基复合材料从设计到生产制备再到后续加工优化直至最终应用经历了一系列复杂的过程，其中涵盖多方面的技术问题。例如基体的选择需要考虑不同系列合金本身的物理化学性质和性能；

颗粒增强体的选择需要充分考虑其尺寸、物化性能及其与合金基体之间的浸润性和化学相容性；基体与增强体之间界面的结合力如何改进技术；颗粒增强铝/镁基复合材料的二次加工及焊接技术；成品性能表征及质量检测技术等。本部分将从目前国内外常见的颗粒增强铝/镁基复合材料制备方法出发，结合复合材料的常用后续加工方法及连接技术，分析颗粒增强铝/镁基复合材料的技术现状。

6.2.1 颗粒增强铝/镁基复合材料的制备技术

目前生产制备颗粒增强铝基复合材料和镁基复合材料的工艺方法种类较多，大体可分为四类，即液态法（搅拌铸造、压力浸渗、无压浸渗等）、固态法（粉末冶金法等）、双相法（半固态加工、喷射共沉积等），以及原位复合法[5]。镁合金的熔点温度与铝合金极为相似，因而铝基复合材料与镁基复合材料在制备方法和工艺与制备技术具有相通之处。

6.2.1.1 搅拌铸造制备技术

搅拌铸造法是液态工艺技术中的传统方法，其基本原理是将颗粒增强相直接加入到铝合金或铝合金熔体中，通过一定的方式搅拌使颗粒增强相均匀分散在熔体中，然后浇注成形，相关设备如图6-1所示。一般来说，熔体的搅拌温度控制在液相线温度稍上。搅拌铸造法促进了轻合金基体与增强相颗粒之间的结合，不过实际的润湿性好坏和混合均匀性与一系列参数控制有极大的关系。其中的关键技术参数包括：搅拌速度、时间、熔体温度、浇注模具的预热时间及增强相颗粒的喂料速度等[6]。参数控制不当可能导致增强相颗粒在合金基体中的分散不均匀，导致局部沉淀及偏析[7,8]。搅拌铸造制备颗粒增强铝基或镁基复合材料的关键过程技术参数影响如下。

1. 搅拌速度

搅拌速度是铸造法成功与否的关键。它直接影响到复合材料的结构。在一定速度范围内适当提高搅拌速度能够促进晶粒细化，促使颗粒增强相进一步均匀分布。一般来说，在保证成形件不开裂的条件下尽量提高搅拌速度是较为可行的控制方法。

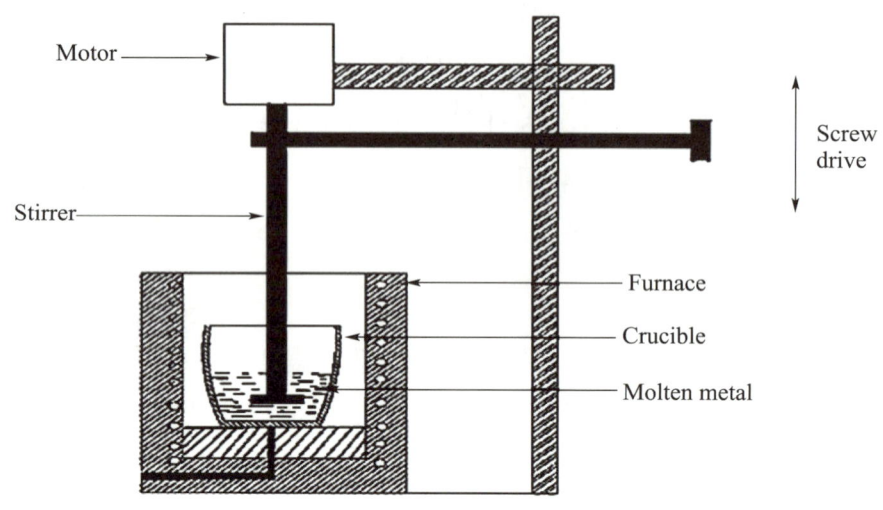

图6-1 搅拌铸造技术设备示意图[6]

2. 浇注温度

浇注温度是影响凝固过程的重要因素，其选择取决于最终所需得到的结构类型。较低的温度有助于获得最大程度的细化及等轴晶粒。但是为了保证熔体的流动性，浇注温度不能过低。

3. 浇注速度

浇注速度受铝合金熔体的流动性限制，因此不能太慢。然而过快的浇注速度会使熔体流态产生过度的紊乱，从而影响增强相颗粒的分布状态。实际上，相对较慢的浇注速度有不少好处。较慢的浇注速度能够促进定向凝固，并减少复合材料铸件开裂。

4. 浇注模具内部涂料

模具内部涂料多种多样，其主要目的是为了降低模具的热传导，从而有效减少缺陷的形成。对于颗粒增强铝基或镁基复合材料来说，通常在模具内部抹上硅酸盐、石墨及水的混合物等脱模具。

国内外采用搅拌铸造法制备颗粒增强铝基复合材料的研究者较多。基体铝合金种类丰富，增强相颗粒常用 SiC、B_4C、Al_2O_3 等。通过搅拌铸造方式制备 SiC$_p$/6061Al 复合材料时发现，随着 SiC 颗粒尺寸增大，其在复合材料中的分布均匀性提高。原因是小尺寸 SiC 颗粒比表面积大，表面能较高，颗粒之间的范德华力较大，再加上颗粒在熔体中的布朗运动致使其团聚倾向较大，容易产生团聚。随着 SiC 颗粒尺寸增大，颗粒的比表面积减小，表面能降低，颗粒间的作用力减弱，在机械搅拌作用下，SiC 颗粒很容易分散。因此，在相同的搅拌条件下，SiC 颗粒尺寸越大，复合材料中 SiC 颗粒的分散均匀性越好，另外也发现，随着 SiC 颗粒尺寸的增大，该铝基复合材料的耐磨性逐渐提高[9]。同样采用该搅拌铸造法制备的体积分数为 6% 的 SiC$_p$/6061Al 复合材料，在 250℃、80MPa 的应力下具有较基体铝合金更高的抗高温蠕变性能，不过 SiC$_p$/Al 界面产生塑性撕裂的裂纹源是其蠕变断裂的主要起因[10]。观察搅拌铸造法制备的 SiC$_p$/2024Al 复合材料发现，SiC 颗粒在基体合金中分布较均匀，大部分颗粒在晶界处分布，少数则分布在晶粒内部[11]。在 SiC$_p$/A356 铝基复合材料中也发现了类似情况，在颗粒与基体的界面处存在明显的 Si 溶质偏聚[12]。因此，改善颗粒增强相与基体之间的界面问题仍是该方法制备铝基复合材料的一大重要技术问题。耐热颗粒增强铝基复合材料在电子工业、汽车工业中对设备的稳定运行至关重要。采用搅拌铸造法制备的含 Al$_2$O$_3$ 颗粒增强铝基复合材料相对于铝基体合金拥有更低的热膨胀系数，且随着 Al$_2$O$_3$ 颗粒的体积分数增大，该复合材料的热膨胀量越小。而且，将稀土加入到 Al$_2$O$_3$ 颗粒增强铝基复合材料中，可降低复合材料的热膨胀量及热膨胀系数[13]。

由于搅拌铸造工艺能够制备高性能低成本的镁基复合材料，20 世纪 90 年代研究人员就对镁基复合材料搅拌铸造工艺开展了研究，并且取得了一定的进展。1990 年，在 DOW 化学公司赞助下，Mikucki 等[14]成功制备出最大体积分数为 20% 的 SiC 颗粒增强镁基复合材料[14]。Saravanan 等[15]在不加保护气氛的情况下利用搅拌铸造制备出了体积分数为 30% 的 40μm-SiC$_p$ 增强纯镁的复合材料。表 6-1 比较了搅拌铸造法制备的镁基复合材料与相应合金的力学性能。可见复合材料的屈服强度和弹性模量有很大的提高,但是断裂强度有所降低,延伸率下降比较严重。这主要是由于搅拌铸造的复合材料气孔和缩孔所致,需要通过热变形提高复合材料的致密性,进而提高复合材料的塑性和强度[16]。表6-2为搅拌铸造镁基复合材料及相应合金经过热挤压后的力学性能,经过热挤压后,镁基复合材料的屈服强度、断裂强度和弹性模量远高于挤压态合金,体现出搅拌铸造镁基复合材料的优越性能,正吸引着航空航天、军事和汽车等领域的广泛关注。虽然,镁基复合材料的搅拌铸造工艺已经开展了研究,但是与铝基复合材料相比研究还不够系统[17]。

表6-1 搅拌铸造镁基复合材料与相应合金的力学性能

复合材料/合金	屈服强度/MPa	断裂强度/MPa	弹性模量/GPa	延伸率/%	文献
7μm10% SiC$_p$/AZ91	135	152	44.7	0.8	[18]
AZ91(T6)	150	300	43	9.7	
15μm10% SiC$_p$/AZ91	175	235	34	1.1	[19]
15μm15% SiC$_p$/AZ91	200	285	37	1.0	
15μm20% SiC$_p$/AZ91	215	255	65	1.0	
15μm25% SiC$_p$/AZ91	235	235	82	0.4	

在采用搅拌法制备颗粒增强铝基或镁基复合材料的过程中,需主要考虑的技术问题有[21]:颗粒增强相在复合材料中均匀分布较难控制,导致组织不够致密,气孔、夹杂等缺陷增多;颗粒增强相与基体之间的润湿性如何改善;增强体颗粒与铝合金溶液在高温状态下发生过多的有害界面反应,生成物本身也可能是脆性相,降低复合材料的性能,而且由于反应也

有可能会破坏颗粒的完整性；在搅拌和浇注成形过程中不可避免的有气体和夹杂物混入，由于合金溶液的粘度、冷却速度的影响，使得气体和夹杂物不易排出，基于种种不利因素存在，使得制备的铝基复合材料和镁基复合材料的各方面性能不甚理想。

表6-2 搅拌铸造镁基复合材料及相应合金经热挤压处理后的力学性能

复合材料/合金	屈服强度/MPa	断裂强度/MPa	弹性模量/GPa	延伸率/%	文献
AZ91（T6）	204	360	42	9.9	[19]
15μm10% SiC_p/AZ91	275	350	55	2.0	
15μm15% SiC_p/AZ91	285	375	59	2.0	
15μm20% SiC_p/AZ91	330	390	71	1.3	
15μm25% SiC_p/AZ91	310	330	79	0.8	
AZ31B/合金	165	250	45	12.0	[20]
16μm20% SiC_p/AZ31B	251	330	79	5.7	
10μm20% SiC_p/AZ31B	270	341	79	4.0	

针对以上一些问题，研究者们也在寻求相应的解决技术。如为了改善增强相颗粒与基体之间的润湿性，对增强相颗粒进行一定的预处理或表面处理有利于使搅拌铸造后的铝基复合材料性能有所提升。在搅拌法制备 B_4C 颗粒增强6061铝基复合材料时，对 B_4C 颗粒预先进行250℃热处理能使其在铝合金熔体中分散效果更好，温度再高至300℃会促使 B_4C 颗粒氧化形成 B_2O_3，这对于颗粒增强相与基体铝合金之间的润湿有较大影响[8]。为了改善颗粒增强相与合金基体之间的润湿性，从合金液成分着手，如在

铝合金中添加适当的活性元素（如 Mg，Ca，Ti 及 Zr 等）有助于降低液体的表面张力，提高润湿性。尤其是在铝合金熔体中添加 Mg[16]，在增强相颗粒与铝的界面会生成 $MgAl_2O_4$ 尖晶石，增进反应性，从而实现对界面润湿性的改善，也有助于避免有害界面反应的发生，提高所制备复合材料微观组织均匀性；也有研究者认为 Mg 元素可以通过与氧反应，薄化 SiC 颗粒表面吸附的气体层，提高铝对 SiC 颗粒的润湿性，有利于获得紧密结合的界面，同时可以降低铸造过程中颗粒团聚的倾向[22]。另外在增强颗粒表面镀上 Ni 或 Cu 等润湿剂，也有一定的作用。与铝合金相比，Mg 没有稳定的碳化物，所以 SiC 在镁液中热力学上是稳定的。在纯镁基体的复合材料中，在 SiC 界面上没有发现反应产物。但是镁合金中的合金元素可以和 SiC 发生化学反应，如镁合金中的 Al 元素能和 SiC 生成有害的 Al_4C_3 化合物[1]。陈玉喜等[23]对 SiC 和 B_4C 颗粒混杂增强 X15 系 Mg 基复合材料的研究发现，B_4C 在制备过程中发生氧化生成玻璃态的 B_2O_3，与 Mg 液发生反应生成 MgB_2，使得液态 Mg 对 B_4C 颗粒的润湿性增大。因此，在设计复合材料过程中，通过基体合金成分设计和颗粒表面处理可改善增强相颗粒与基体之间的润湿性。

为了改善增强相颗粒在合金熔体中的均匀性，可以尝试从以下方面进行优化：合理放置搅拌铸造法中搅拌器的位置，例如通常将搅拌器叶片放置在下方含有熔体 35%、上方含有熔体 65% 的位置，这有助于降低成品孔隙率。但是一般来说，搅拌器的位置还应与增强相颗粒的比重相关联。搅拌的主要作用包含两点：一是借用搅拌造成的熔体内外压力差异促使增强相颗粒进入到熔体内各处；二是搅拌有助于使颗粒保持悬浮状态。采用涡流搅拌方法在分散增强相颗粒进入熔体的过程中效果更好。随着机械运用的改进，复合搅拌方式逐渐受到研究者的青睐，这有助于使熔体在三维复杂空间进行流动。针对实际复合材料制备情况，合理选用桨式、推进式及螺旋式等搅拌方式将更为有效[24,25]。适当的搅拌温度能获得具有较好流动性的熔体，选取合适搅拌时间和采用新型的流变模铸等工艺以尽量缩短浇铸后凝固时间,防止颗粒上浮或者沉降[26]。

缺陷(尤其是孔隙率)问题是搅拌铸造法制备颗粒增强铝基复合材料与其他方法相比的一大弱点。通常有以下途径改善该问题。在搅拌过程中通入保护气体或对炉内进行抽真空处理,有助于避免气体夹杂物的污染。例如在真空环境中制备的增强相体积分数为20%的SiC_p/A365复合材料,实验表明该材料的一系列力学性能(如屈服强度、弹性模量)与对应的合金基体相比具有明显提升,且耐磨损性能得到改善,膨胀系数降低[21]。在铸造方法上应尽量避免顶铸,而采用底铸。设计浇注系统时力求避免在浇注过程中产生紊流,应尽量减少落差,以达到减少吸气的目的。在搅拌过程中采取适当的低温强力搅拌,针对性地选择合理的搅拌器、优化搅拌时间等均有助于适当降低成品的缺陷。此外,对增强颗粒进行适当的处理,阻止其与铝基体之间发生有害反应也能在一定程度上降低界面连接处的孔隙率。

总体来说,搅拌铸造法能够克服热力学表面障碍以及利用搅拌器获得足够大的剪切力,减小颗粒与颗粒、颗粒与铝合金之间的粘滞阻力的作用,而且所需设备及工艺要求相对简单,便于工业化生产,对颗粒种类和尺寸没多大要求,操作简单,制造成本低,生产效率高,几乎可制造各种复杂形状的零部件,是截至目前铝基或镁基复合材料研究最为广泛的制备方法,其制备的颗粒相体积分数为20%~30%,增强体含量相对较低。以美国Alcan公司及MC-21公司为典型的制造商已经利用该方法工程化地制备颗粒增强铝基复合材料应用于汽车刹车盘、活塞、活塞环、连杆以及高速列车刹车盘上[27]。

6.2.1.2 压力浸渗技术

压力浸渗技术也是发展较早的一种金属基复合材料制备技术。其在用于制备颗粒增强金属基复合材料及纤维增强金属基复合材料上也有一定的研究与应用基础,尤其在制备纤维增强金属基复合材料时简单可靠。孔隙相对较少,界面反应能够有效控制,如果与精密模具相配套,脱模后无需进行机械加工。不过在用于颗粒增强铝基或镁基复合材料的工业化制备过程中相对于搅拌铸造、粉末冶金等方法工艺成熟性仍显不足，半机械化生产能力不够强，依然有很大的进步空间。日本丰田等公司采用该技术制备了一系列汽车刹车类零件，另外也有采用该技术制备的高体分颗粒增强铝基或镁基复合材料用于电子封装产品[28]。

根据制备过程中压力的施加方式及大小，压力浸渗法可分为挤压铸造法、气体压力渗透铸造法和离心铸造法等。

1. 挤压铸造法

挤压铸造法（又称为预制件浸渗法）一般是先将增强体按照一定的结构及形状要求做成预制体，之后将预制体置放于经过精密加工的石墨浇铸模中，将整体预热到一定温度后，借助重力向其中浇入熔融的铝合金基体液，施加一定的压力，促使合金熔体渗入模壁间隙进而渗入预制体中，最后去除压力，冷却成形，设备示意图如图 6-2 所示。采用该方法能够制备增强相颗粒体积分数较高的金属基复合材料。有研究者[29]选用粒径为 20μm 和 60μm 的颗粒混合，铝基体分别选用工业纯铝 L2、LD11（Al-12%Si）和 AlSi20（Al-(18%～21%)Si），制备了体积分数高达 70% 的 SiC_p/Al 基复合材料。该制备出来的铝基复合材料组织均匀、致密，有望应用于电子封装。该方法对于回收再利用火力发电厂煤灰燃烧废料飞灰也有重要帮助。研究者[30]通过对飞灰颗粒筛选、酸洗、清洗、烘干等预处理得到增强体原料，制备成增强体，然后采用挤压铸造法制备得到飞灰颗粒体积分数分别为 5%、10%、20% 和 30% 的铝基复合材料，摩擦磨损实验结果表明，在较低载荷和滑动速度下，这种铝基复合材料的耐磨性能明显优于基体铝合金，摩擦系数也稳定地低于基体铝合金。国防科技大学郝元恺等[31]探索了挤压铸造法制备 B_4C_p/Mg 复合材料的制造工艺，制得的复合材料增强体 B_4C_p 分布均匀，其平均抗压强度达到 470MPa，平均永久压缩率为 2.4%，硬度高于相应镁合金约 1 倍。

挤压铸造法制备颗粒增强铝基或镁基复合材料关键的技术参数包含预

制件及压铸模具的预热温度、合金液的浇注温度、渗入压强和冷却速度等。

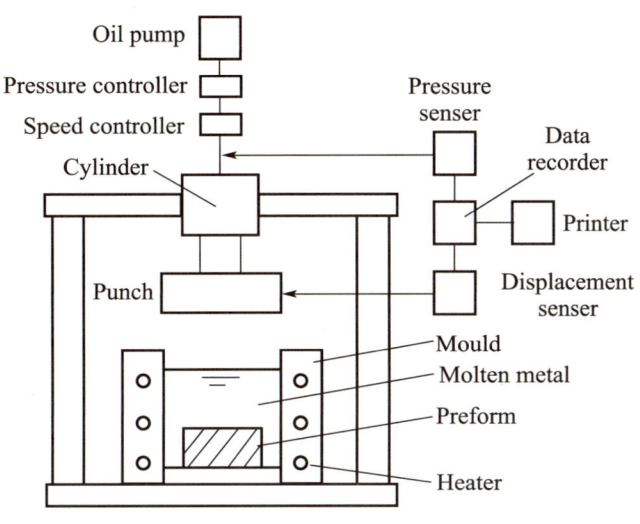

图 6-2　挤压铸造法设备示意图[32]

一般来说，预制件和压铸模具的预热温度及合金液的浇注温度越高，渗入过程越容易进行。然而温度过高，最终材料的晶粒容易粗大，合金基体与增强相之间的界面反应更易进行，且可能发生合金熔体喷溅等形成安全隐患。当温度过低时，合金熔体难以渗入预制体块中。总体而言，预制体和压铸模具的预热温度应该低于合金熔点，而合金的浇注温度应该在合金液相线上有一个较大的过热度，以保证熔体完全渗入预制件之前不发生凝固[33]。目前来说，采用挤压铸造 SiC/Al 复合材料的温度工艺参数研究已经相对比较成熟[28,34]。

渗入压强是压力铸造法制备铝基或镁基复合材料的关键技术参数。其选取需要考虑各方面因素，包括增强体的形状、尺寸、体积分数以及基体合金熔体的温度及性质。同时对于多增强体的复杂情况，需要综合考虑各增强体之间的情况。研究者们[32]归纳总结了经验公式来计算临界渗入压强：

$$P_c = 4V_f\gamma/[d(1-V_f)]$$

该公式是在基体合金与增强体粉末之间无润湿的假设下成立的。其中，V_f 是增强体粉末的体积分数，γ 是合金熔体的表面能，d 是增强体粉末的平均粒径。该公式在一定程度上起到了指导作用[32]。渗入压强同时也影响了成品复合材料的孔隙率。据报道[35]，SiC/Al 复合材料的孔隙率随着施加压强的增大而降低，且当压强超过 60MPa 后，从扫描电镜中无法观察到明显孔隙。

挤压铸造法总体来说制备的产品尺寸精确，可以避免复杂的二次加工；金属熔体浸入速度较快，冷却速度较快，能有效减小甚至消除界面反应；增强相的体积分数可调节范围宽，能够制备体积分数较高的颗粒增强铝基复合材料。但是这种制备技术工艺较复杂，对设备的要求较高，且相应的模具不仅需要耐高压，密封性也有较大要求，而且不易制备形状复杂的制件和低含量颗粒增强金属基复合材料，成本相对较高。

2. 气体压力渗透铸造法

气体压力渗透铸造法与挤压铸造法类似，不同之处在于采用气体压力来代替机械压头的施压。在制备过程中，使合金基体在真空环境中熔化。浸渗时通入惰性气体促使合金熔体进入升液管到达上部模具的预制件中。这种方法的效果较好，但是存在生产过程较慢，设备要求较高，压力控制范围较小等缺点。目前采用该方法来制备颗粒增强铝基或镁基复合材料的研究者并不多。徐志锋等[36]采用真空变压力浸渗法制备了高体分（达到 60%）颗粒细小的 SiC/Al 复合材料，发现这种制备技术具有良好的渗流和凝固条件，避免了气体和夹杂物的裹入等问题，可渗透的最小碳化硅颗粒能够达到 10μm 左右，且体积分数能够达到 56%，铝液渗透均匀，内部组织致密，无明显的夹杂物及空洞等。该技术设备示意图如图 6-3 所示。

这种技术的关键主要包含真空度、浸渗温度、压力和保压时间等。真空度越高，浸渗时内外压力差将更大，将有益于浸渗；而较高的渗流温度将使合金熔体的粘度越小，由此熔体的流动性更好，有利于浸渗，但温度高容易促使界面反应，尤其是有害界面反应的发生，故一般要求尽可能在

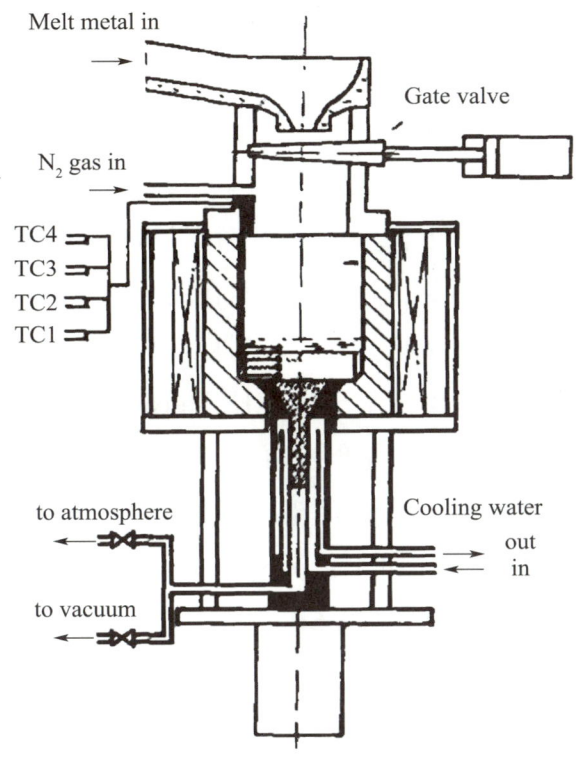

图6-3 气体压力铸造设备示意图[7]

较低的温度条件下浸渗;在浸渗过程中,减少保温时间和降低浸渗温度,在一定程度上可减轻界面反应。增强相颗粒越小,其堆积的多孔体孔隙尺寸也越小,其相应的粘性阻力和金属液前沿的附加压力就越大,铝液的渗流就越困难。仅靠金属液的静水压头,无外加压力或压力不满足要求时,合金基体熔体对预制件的渗透是很困难的。

3. 离心铸造法

离心铸造法,顾名思义,以离心力为压力,制备颗粒增强铝/镁基复合材料时将预制件置于旋转的铸模中,然后向其中浇注合金基体熔体,在不断旋转过程中完成浸渗。该方法对设备的要求相对以上两种压力铸造法较低,能够有效降低成本,但是制备过程中的旋转决定了其产品的形状及尺寸存在较大的局限,故很难在工业上得到广泛应用。

6.2.1.3 无压浸渗技术

无压浸渗技术与压力铸造技术最大的区别就在于压力的运用上。这种方法是 Aghajanian 等[37]于1989年在金属氧化工艺的基础上演化而来的一种制备复合材料的新技术。简单来说，这种技术就是将合金铸锭放在预先制备好的颗粒增强体预制件上，整体置于可控气氛的加热炉中，调节加热炉升温至铝合金基体液相线以上并保温，在无外加压力且无助渗剂的作用下，熔融的液态合金依靠毛细管力的作用自发地渗入增强体预制件中，最终得到复合材料。无压浸渗技术已被美国 Lanxide 公司成功工程化，相关产品在美国多个军事工程特别是航空航天工程中实现规模化应用。例如，采用该方法制备得到的 SiC/Al 被用于电路板板芯、电子设备基座及外壳，并运用于 F-22 "猛禽"战斗机上；另外，应用该种材料的航空航天器还包括 F-18 "大黄蜂"战斗机、EA-6B "徘徊者"电子干扰机、ALE-50 拖曳式诱饵，以及用作反射镜及其框架结构的空间望远镜（如哈勃望远镜）等[38]。国内也有一批从事无压浸渗法制备复合材料的研究者，北京航空材料研究院通过自主开发也成功地研制出了与 Lanxide 公司产品性能相当的结构/功能一体化 SiC_p/Al 复合材料，而且依靠无压浸渗技术形成了该材料复杂制件的高度近净形制备加工集成技术体系，通过该技术制备了高体分（45%以上）SiC_p/Al 复合材料，该材料具有较高的致密度（超过98%）和强韧性。其力学性能与压力铸造法制备的同类材料基本相当[39,40]。

无压浸渗技术在制备颗粒增强铝基或镁基复合材料时尤其需要注意的几个关键技术点包括：基体合金与颗粒的润湿性、保护气氛环境、浸渗温度、颗粒大小等。无压浸渗技术制备的本质是实现自润湿作用，通过优化各类参数，如合金成分、温度、保温时间和助渗剂等，得到良好的润湿效果，促使自发浸渗。作为液态法的一种，无压浸渗法存在 SiC 颗粒和金属铝液润湿性差的问题，而增强颗粒与基体界面会发生界面反应，形成一些脆性相，导致最终成形的复合材料界面质量较差，这都对复合材料最终的服役性能有负面影响。

早期研究者将 Mg 认为是无压浸渗技术制备铝基复合材料不可或缺的条件之一。Mg 在无压浸渗开始和浸渗终止时起到了双重作用，研究者发现当温度达到一定值后，Mg 可以扩散到铝合金熔体表面与表层的氧化铝发生反应生成较为疏松的氧化镁，由此取代致密的氧化铝膜层。这对于浸渗过程有关键作用，铝合金熔体便能通过输送的氧化镁膜孔道浸渗入增强体预制件中。同时，Mg 会富集在铝熔体表面，降低界面张力，促进润湿和浸渗。结果表明，Mg 在浸渗前沿的含量和得氧功能对浸渗过程起着至关重要的作用。[41]

惰性气体保护气氛被认为是无压浸渗技术中不可或缺的因素之一，可防止合金熔体与空气中的氧气反应。镁液浸渗一般采用 $CO_2 + SF_6$ 混合保护气氛，铝液浸渗一般采用氮气，且当气氛环境中的氮气含量小于 25% 时，浸渗时间将被极大延长。由此可以推断，氮气在无压浸渗过程中还可起到其他关键作用。

浸渗温度、颗粒大小、合金成分等参数的控制基本上都是为了达到一个目的，就是提高合金熔体与增强体之间的润湿性。增加合金熔体的流动性，提高熔体同增强颗粒之间的浸润性，防止有害化合物在界面形成，是保证铝基或镁基复合材料科学制备的重要因素[42]。另外研究表明，将 SiC 颗粒在大气环境中高温保温适当时间，也能在一定程度上提高无压浸渗的效率，这可能与 SiC 颗粒在高温空气中发生一定的氧化有关，氧化生成的 SiO_2 与 SiC 相比具有更低的表面能，SiO_2 与铝液反应生成的 Si 能够溶于铝合金基体从而促进浸渗[4,43]。

总体来说，无压浸渗技术与压力铸造技术相比，前者对设备的需求大大降低，成本相对较低，且容易实现规模化生成。但是其成品的力学性能和热性能相对略低，这主要与成品中存在一定的孔隙且界面易发生一些反应有关系，此外浸渗的速度也需要进一步提升。

6.2.1.4 粉末冶金制备技术

粉末冶金制备技术被认为是制备颗粒增强铝基或镁基复合材料最早应

用的工艺技术。尤其是在制备高熔点难成形复合材料时作用更为关键。这种技术一般是将合金粉末和颗粒增强体进行尺寸筛选，之后混合均匀，经冷压固结、除气，并在一定温度下热压烧结并结合后续加工技术处理制得，工艺如图6-4所示。粉末冶金技术一般用于制备体积分数小于70%的颗粒增强铝基或镁基复合材料，在体积分数控制上有较大优势。最终制件中增强颗粒的均匀性相比其他技术更好，增强体的颗粒粒径可达纳米级。由于制备过程温度相对较低，界面反应相对来说并不严重。

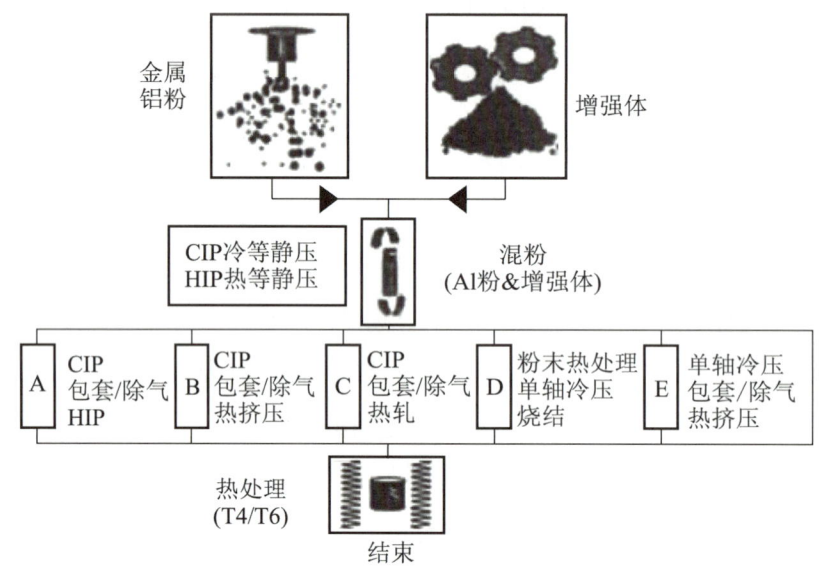

图6-4 粉末冶金制备颗粒增强铝基复合材料工艺[44]

在工程化方面，粉末冶金技术制备颗粒增强铝基复合材料已经较为成熟，国内外涌现出大批从事相关材料及产品生产的企业及研发机构。美国DWA公司于1988年采用粉末冶金技术制备了碳化硅颗粒增强铝基复合材料，当时的产品价格为每磅50～100美元，比基体铝合金高10倍左右，所以还只能用于军工及航空航天等行业，难以打入民用市场。随着技术的进步，粉末冶金制备技术成本得到了一定程度的降低。由DWA公司制备的碳化硅颗粒增强铝基复合材料已经商品化，可用于自行车车架、设备支撑架等产品。英国 Osprey 公司在20世纪90年代初采用粉末冶金技术生产复合材料的规模达到了20吨。同样来自于英国的航天金属基复合材料公司（AMC）采用机械合金化粉末冶金制备技术制备出了高刚度、耐疲劳的碳化硅增强铝基复合材料，成功应用于法国公司生产的 EC-120 新型民用直升机。另外，美国 ARCO 公司、英国 BP 公司用此法在碳化硅颗粒增强铝基复合材料方面取得了显著的成果[45]。我国在粉末冶金制备铝基复合材料技术研究上也紧跟世界步伐，我国自行开发的机械合金化粉末冶金制备颗粒增强铝基复合材料制备技术制备出含有超细晶增强体的高性能复合材料，材料性能已经达到国际先进水平[46]。

粉末冶金方法在制备颗粒增强铝基或镁基复合材料的过程中也有不少的技术要点。本部分将简单介绍这种制备方法中主要的技术现状。

混粉方式是在运用粉末冶金制备法制备铝基或镁基复合材料过程中需要选择的。一般混粉的方式包括普通干混、球磨及湿混。其中，普通干混及湿混的方式经常导致增强体颗粒在成品中分布不够均匀，且容易出现团聚、分层等情况。球磨一般是较为常用的有效混粉方式，这主要是利用研磨体在球磨过程中对物料产生撞击等将物料粉碎并混合。这种方式中球磨的参数，例如球磨时间、球料比和球磨转速等对最终成形材料的各种性能都有较大影响。研究者通过研究发现，适当延长高转速球磨时间，有利于将增强相颗粒更均匀地分布在基体中。随着增强体含量在一定程度上的增加，球磨处理能够使 AlN/6061Al 复合材料的抗拉强度和硬度明显增加[47]。

经过混合的粉料还需进行粉末预压处理。这是将基体粉末与增强体放入压模内，在一定的压力下，压制成具有一定尺寸、形状和密度、强度压坯的粉末冶金工艺。常用的粉末预压成形方法主要有冷压和冷等静压，该过程处理后一般预压坯密度应为复合材料的70%～80%，以利于脱气阶段气体的逸出。之后需要对生坯除气。除气温度是需要注意的技术参数，一般应等于或者稍高于随后的热压、热加工变形和热处理温度，以避免压块中残存的水和气体造成材料中产生气泡和分层。但是如果温度过高，基体合金中其他一些元素可能出现烧损，还会使合金中起强化作用的金属间化合物聚集、粗化，降低材料的性能。

粉末经上述处理后进行致密化处理，即烧结、热压、热等静压等，此时制备得到的复合材料组织致密度较高、晶粒细小、力学性能优良，不过对设备要求较高，过程较为复杂，对模具及生产条件的要求较高，耗能大，生产效率偏低而成本较高。因此，在保持较高生产率并控制成本的情况下，出现了一种通过单轴冷挤压成坯，逐渐升温到目标温度并按照一定的挤压比进行热挤压，之后进行热处理得到最终复合材料的处理方法。这种将粉末冶金与后续致密化处理结合起来的粉末成形工艺，使粉末能够在短时高温、高压作用下发生塑性变形，进而实现粉末颗粒间的结合。目前采用粉末冶金与挤压结合制备铝基复合材料的研究较多。与常规的粉末冶金法相比，挤压过程中粉末颗粒除受到三向压应力外，沿挤压方向还承受巨大的剪切力，其表面的氧化膜破碎后进一步增强了相邻粉末颗粒间的结合强度，组织结构细小均匀且成分偏析少，增强体颗粒无明显团聚，有利于其在基体中的分布，此外，这种方法无需烧结，减少了制备工序，降低了成本[44]。

总体来说，目前粉末冶金技术制备颗粒增强铝/镁基复合材料的研究及工程化均得到了足够的积累，相比于其他制备技术有较好的基础。而且通过这种方法能够制备增强相分散较为均匀且体积分数较高的颗粒增强铝基复合材料，这是其他制备技术很难达到的。不过该方法也存在不少缺点，例如：生产工艺过于复杂、周期较长，成本较高。除气不完全会导致材料内部出现气孔，温度选择不当也容易造成偏析。此外，用该种方法很难制备出净尺寸零部件，也不适用于生产尺寸较大的型件。

6.2.1.5　喷射沉积法

喷射沉积技术由英国 Swansea 大学的 Singer 教授于 1978 年提出[48]，Brooks 等[49]于 1974 年成功地将喷射沉积原理应用于锻造坯的生产，发展了著名的 Osprey 工艺，生产了传统方法难以加工得到的高温合金、超合金管等，喷射沉积示意图如图 6-5 所示。随后液体动态压实技术和受控

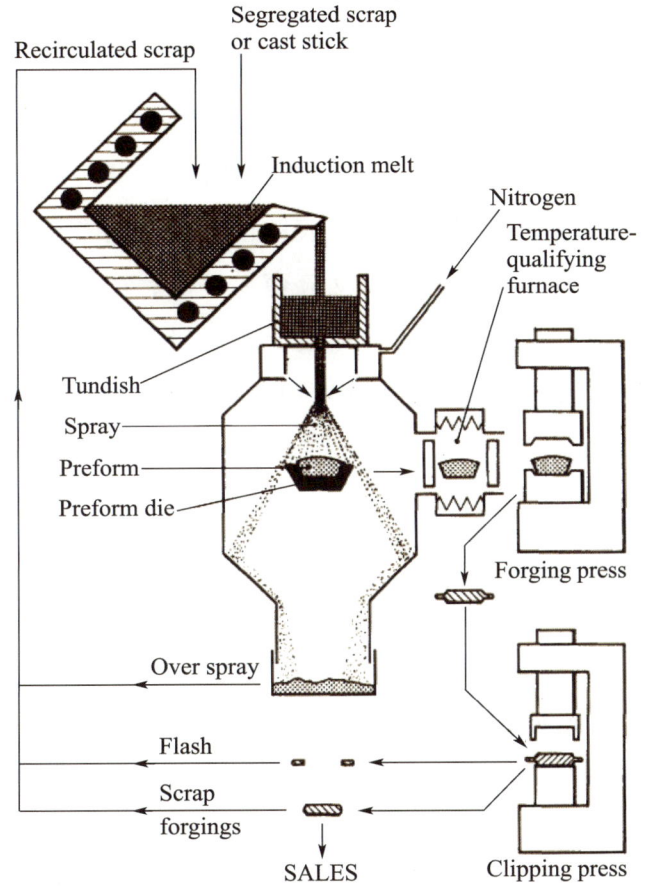

图 6-5　喷射沉积示意图[49]

喷射沉积工艺等均被开发出来，并投入生产使用。美国加州大学 Irvine 分校的 Lavernia 等在颗粒增强复合材料的喷射沉积技术基础理论及材料研究工作方面较为系统及突出。国内喷射沉积的研究始于 20 世纪 80 年代，哈尔滨工业大学、北京科技大学和北京航空材料研究院对材料的组织凝固特征和工艺过程开展研究，上海钢铁研究所在制备复合轧辊方面取得较大进展。中科院金属所、西北工业大学、中南大学、上海交通大学、北京有色

金属总院、湖南大学在喷射沉积制备金属与金属基复合材料方面进行了深入研究[50]。现在大多数单位仍基本处于实验室小尺寸材料组织性能及基础研究阶段。这种制备技术是将熔化的合金基体在高速高压惰性气体流中破碎、雾化，同时加入颗粒增强体，使两者在雾化器内充分混合，最后喷射到水冷基体上形成激冷复合颗粒，经固结制成大块复合材料。英国Osprey公司在20世纪90年代初已达到共喷射沉积200吨的生产能力。这种技术方法的主要优点是生产周期短，成形速度快。得益于增强体与基体熔体之间的接触时间短，两者之间的反应容易控制，因而能够显著改善界面的结合状态，氧含量及夹杂物污染均较低，而且基体能够保持快速凝固的特点，晶粒组织能够控制得较为细小。此外，喷射沉积技术能够制备难以成形的材料，如Ti-Al、Ni-Al等金属间化合物及各种非平衡态基体复合材料的接近最终形状的零部件。

研究者对颗粒增强铝基或镁基复合材料的喷射沉积技术机理研究主要是针对增强颗粒与金属液滴之间的相互作用，如增强颗粒的插入动力学过程、凝固前沿对颗粒的捕获机制以及颗粒与基体之间的传热和凝固过程。研究者详细研究了增强颗粒与雾化颗粒间的相互作用模型，将两种颗粒的碰撞状态分为全液态、半固态和全固态三类。在这些作用过程中，当增强颗粒的插入深度大于其直径时，即认为增强粒子能被雾化颗粒捕获。通过这一分析，可以初步获得增强颗粒粒度等关键参数信息。增强颗粒与凝固前沿的相互作用决定了增强相最终在基体中的分布情况，因而对材料性能影响显著。一般采用机械作用机制和枝晶碎块或已凝固液滴阻塞机制来描述增强颗粒与凝固前沿的作用情况[51,52]。对增强相与铝合金基体之间的传热及凝固过程的实验研究及模拟计算研究发现，增强颗粒的加入可以在一定程度上提高冷却速度，从而细化基体组织晶粒。

喷射沉积技术制备颗粒增强铝基或镁基复合材料过程中，增强颗粒的加入方式与装置主要有三种：一种是直接通过插入熔体内部的管道注入，这种方式在低金属液流率条件下难以实现；早期常用的方法是将增强相从金属液流与雾化气间加入,这种方法简单易行,能够在一定程度上减少增强相颗粒的损失[53];最后一种是近年来研究最多的方法,采用插管的方式将颗粒流直接喷入金属熔体雾化锥[51]。

目前来说,采用喷射沉积技术制备的颗粒增强铝基复合材料基体多选用6000、7000和2000系铝合金及Al-Li合金、Al-Fe合金和Al-Si合金等。增强相颗粒多选用碳化硅、氧化铝、硼化钛及莫来石等。其中,碳化硅颗粒研究得最为丰富,其粒度一般在3～50μm之间,体积分数为10%～30%。该技术的主要技术参数包括:雾化压力、颗粒输送压力、增强颗粒加入位置、颗粒入射角度、沉积距离和合金过热温度等。通过调整这些技术参数,使得最终获得的铝基复合材料增强相分布均匀、界面结合良好、致密度高。研究者们还发现,喷射沉积制备得到的颗粒增强铝基复合材料经加工后具有较好的机械性能。

传统喷射沉积技术执行过程中沉积物的冷凝速度受到一定限制,坯制件尺寸精度不高。经过仔细分析喷射沉积的粘结过程,中南大学陈振华、黄培云等[54]提出了多层喷射沉积原理,并发展为具有自主知识产权的多层喷射沉积技术。这种改进的喷射沉积技术原理如下:熔融合金通过石墨喷嘴,被高压惰性气体雾化,雾化器的移动受数控系统控制,根据沉积坯形状和尺寸的要求,按一定规律进行匀速或变速运动,熔滴沉积在基底上。通过控制沉积基底的旋转与升降,使基底的下降速率与沉积坯长大速率保持一致,经雾化液滴的往返扫描,坯料最终成形。另外,在雾化锥中引入增强相,实现合金液滴和增强颗粒共同沉积,可以制备出颗粒均匀分布的复合材料坯料。由于改变了喷射沉积过程中雾化器的扫描方式,使其在沉积层上方往复直线运动,使得多层喷射沉积不仅在制备大尺寸坯件上具有独特的优势,而且冷速更高,沉积坯组织细小均匀,增强颗粒与基体结合良好,材料性能优异。

多层喷射沉积技术的主要参数包括液流直径、雾化气体压力、喷射高度、雾化器扫描参数和增强颗粒输送压力。简单来说,液流直径的大小将最终影响沉积坯的沉积状态，涉及第二相粒子尺寸大小、沉积坯组织是否致密等。在一定的雾化器中，若液流直径不变，雾化气体压力越大，则雾化液滴直径越小。但当雾化气体压力过高时，沉积效果变差，不利于沉积坯的增长，收得率低，而且沉积坯孔隙率高；而雾化气体压力过小，雾化效果明显降低，沉积坯组织恶化。喷射高度过大，沉积坯呈粉末颗粒堆积的多孔结构，粘结效果差，材料收得率明显降低。若喷射高度过小，则到达基底的液滴的液相分数过高，沉积坯表面就会形成液层，从而恶化成普通的铸造组织。雾化器在整个沉积过程中作往复扫描运动，若雾化器扫描不均匀，则会导致沉积坯形状不均匀，情况严重时还会因为热量过于集中而使组织恶化。若中心位置偏于沉积坯中心，容易形成锥形；若偏于边缘，则容易形成凹坑。因此，扫描速度应该与位移成反比，扫描至边缘时速度减慢，而至中心时速度加快，则能获得形状良好的沉积坯。输送压力对增强颗粒的捕获和分布影响较大。输送压力增加使增强颗粒动能增加，有利于增强颗粒的捕获和均匀分布。但过大的输送压力会造成增强颗粒体积分数升高[54]。

总体来说，喷射沉积技术制备颗粒增强铝基或镁基复合材料仍处于工业化生产的初期。伴随着航空航天及汽车工业化对低密度、高性能铝基复合材料的高需求，该方法具有较大的应用潜力，且被认为是能够代替粉末冶金最有发展前景的工艺技术。当然，该项技术想要获得大规模的工业化运用，更多工作有待进一步开展。例如加强过程基础理论研究，优化工艺参数；开发喷射沉积连续制备大规格近成形复合材料坯的生产工艺；开发新型雾化器及控制系统，优化沉积工艺；加强后续加工工艺研究，通过轧制、锻造等技术进一步提升颗粒增强铝/镁基复合材料的各项性能。

6.2.1.6 原位复合技术

原位复合技术也称反应合成技术，是由 Gotman 等[55]提出，用来制备颗粒增强金属基复合材料。该技术方法的原理是：通过一定条件使材料中发生化学反应，在合金基体内原位生成一种或多种高性能的增强相，进而达到强化合金基体的作用。由于增强体是直接从合金基体中原位形核、长大的热力学稳定相，相比于传统的复合材料制备技术，原位复合技术具有一系列优点：增强颗粒尺寸细小，粒度一般在几个微米，强化效果明显；由于增强相是直接由基体合金生成，与基体合金之间的结合效果较好，在界面强度方面具有较大优势，且热力学稳定性较好；通过调整原位生长工艺参数可以调整原位生成增强相的种类、尺寸、分布及数量，同时也能综合考虑合金基体组织，获得整体性能较好的颗粒增强金属基复合材料；此外，结合适当的铸造工艺可以实现金属基复合材料的近终成形，易于规模化生产。该技术被誉为极具开创性的新技术，近年来已发展成为铝基或镁基复合材料研究方面的新热点。

颗粒增强铝基或镁基复合材料的原位复合技术随着发展呈现出多样化特征，结合其他类型的制备技术形成了各具特色的原位反应技术。以下对常见的原位复合技术进行简单介绍。

1. 自蔓延高温合成法（SHS）

自蔓延高温合成法的基本原理是先将增强相颗粒物与基体合金粉末混合，将其挤压成压坯，利用热脉冲使放热反应起始于压坯的一端，反应放出的热量引起近端部分继续反应，直至反应至压坯的另一端完成。采用这种方法制备的颗粒增强铝基或镁基复合材料增强相一般为 TiC、TiB_2、Al_2O_3 及 SiC 等。该方法与其他方法相比，工艺设备简单、周期短、生产效率较高、消耗小；制备过程中高温条件可以起到材料自纯化作用，因而生成物质量较好。当然，这种方法也存在一定的缺点：生成的复合材料孔隙率较高，密度低，需经后期加工得到最终产品；反应过程难以控制；产品中易出现缺陷集中区和非平衡过渡相。通过高压密实的方法可以对疏松结构进行一定改善[55]。

2. 原位热压放热反应合成法（HPES）

这种技术是在原位热压技术基础上发展起来的。其原理是将反应物物料混合或与基体原料混合后经热压过程，使颗粒增强物在热压过程中反应生成[56]。这种技术通过施加压力,使最终复合材料的致密度得到较好改善。研究者通过该方法制备了(Fe,Al)和Al_2O_3颗粒增强铝基复合材料,增强相是由纳米级的三氧化二铁颗粒与基体铝液反应生成,在该技术制备过程中,热压温度和颗粒体积分数是影响最终复合材料组织和性能的关键[57]。

3. 放热弥散技术(XD)

该技术是由美国Martin Marietta实验室于1983年提出。其基本原理是先将增强相物料与合金基体粉末按照一定比例混合均匀,冷压或热压成坯块后,以一定的加热速率预热试样,在高于基体的熔点而低于增强相颗粒物的熔点的温度,增强相各组分进行放热化学反应,生成细小而弥散的增强相。目前采用该技术制备了Al_2O_3/Al、TiC/Al、TiB_2/Al等颗粒增强铝基复合材料。增强相TiB_2的尺寸可以达到$1\mu m$[58]。制备得到的Al_2O_3/Al复合材料弹性模量比纯铝高出40%,且其密度、硬度、耐磨性均得到了较大提高[59]。XD法也适用于制备镁基复合材料,但目前利用此法制备镁基复合材料的研究报道很少。这种自生复合技术的优点主要包括:生成的增强相具有较好的热力学稳定性;增强相及其形貌结构可控制性较强;基体的可选择性较宽;可利用常规的成形加工方法来制造工件。目前该技术的研究热点是获得可设计的含有硬质相的凝固组织、高韧性的塑性相和抗蠕变的金属须。

4. 反应喷射沉积技术(RSD)

这种原位复合制备技术的原理是:利用一个特殊的液体喷射分散装置,将合金熔体液分散成细小液滴,与氧化性气体反应生产氧化膜,这些带有氧化膜的液滴在沉积过程中相互碰撞使氧化膜破碎分散,混合到凝固的合金基体中,从而形成弥散分布的氧化物颗粒增强复合材料。如果将反应器中的气体换成氩气、氦气、氢气等离子气体,混入甲烷、氮气和氧气等进行等离子电离反应,就能生成不同种陶瓷颗粒,随着金属液滴一起沉积后就能得到具有不同增强相颗粒的复合材料。这种制备技术的主要优点是能够获得大体积分数的颗粒增强相；粒子分布均匀可控；反应热可促进反应进行。但是相对来说，设备较为复杂，原料成本较高。

5. 混合盐反应法（LSM）

该制备技术是由 London Scandinavian Metallurgical 公司根据铝合金晶粒细化剂生产工艺提出的一种生产复合材料的工艺。其基本工艺是将 $KFB_4 + K_2TiF_6$ 混合盐放入铝熔体中，混合盐在高温下分解出 Ti 和 B，它们反应原位生成 TiB_2 颗粒增强铝基复合材料[60]，示意图如图 6-6 所示。研究者们[61]采用 $KFB_4 + K_2TiF_6$ 制备的 $Al-4.5Cu/TiB_2$ 复合材料，当混合盐加入质量为基体的 20% 时，最终的铝基复合材料综合性能最好，极限拉伸强度可达 352MPa，延伸率为 4.4%。混合盐反应法制备颗粒增强铝基复合材料的主要优点在于工艺相对简单、周期短；可直接浇注成形，易于批量生产和推广；原材料相对成本较低，来源广。但是该技术也存在不少

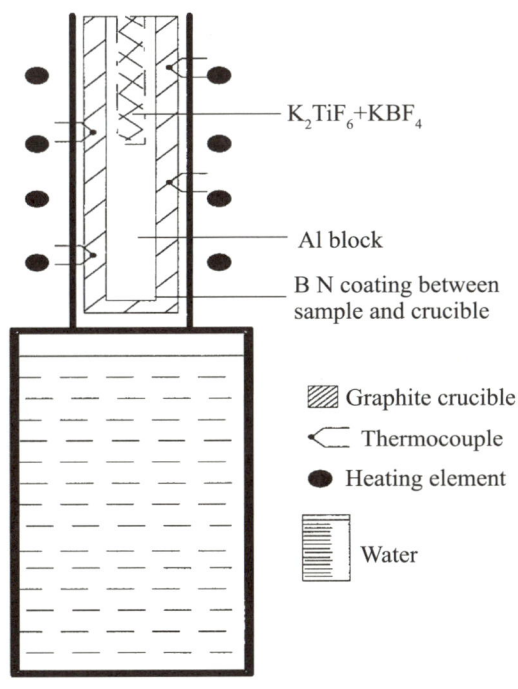

图 6-6 原位复合法示意图[58]

的缺点，比如：反应过程中有大量气体逸出，需通风良好；最终产品的增强颗粒体积分数较低；形成的液渣清除较困难，且对坩埚及操作工具有一定的腐蚀作用。

除了以上原位复合技术外，还有反应自发浸渗技术（RSI）[56]、接触反应法[62]、气液反应合成法（VLS）[63]等。

原位方法制备颗粒增强铝/镁基复合材料的性能优越性主要体现在优异的力学性能，主要涉及拉伸性能、塑性、低温断裂性能等[64]。这种技术方法仍在不断的发展中，由于技术的开放性，各种工艺过程的优化都可能形成新型的原位复合方法，最终目的都是为了得到组织、性能更优异的颗粒增强铝/镁基复合材料。

6.2.2　颗粒增强铝/镁基复合材料的后续加工及处理技术

与基体合金材料相比，颗粒增强铝/镁基复合材料的各项性能均有一定的提升，但是想要通过后续加工及处理手段得到性能上的更大提升具有一定的难度。一直以来，金属基复合材料的加工工艺、热处理、切削加工等后续加工处理技术的研究较少，也成为限制颗粒增强铝/镁基复合材料广泛应用的一大重要障碍。高强度、高硬度增强体的存在在塑性加工中约束了基体合金的流变，使复合材料的塑性加工性能较合金差。如果施加的热加工工艺不当，极易引起复合材料开裂、颗粒断裂和界面脱落等情况。同时，由于硬质陶瓷颗粒的存在，颗粒增强铝/镁基复合材料的切削加工较难进行，刀具磨损较快、铝基体局部熔化、陶瓷颗粒不导电等均影响了其加工性能。

6.2.2.1　颗粒增强铝/镁基复合材料塑性加工技术研究

为获得优化的铝/镁基复合材料塑性加工技术参数，探索复合材料的变形机制成为研究其加工技术的重点。

Pal和Ma等研究表明[65,66]，铝基复合材料的高温变形与基体铝合金类似，都是受热激活控制的变形行为。然而在通过经典的动力学模型进行分析时常发现铝基复合材料的变形激活能比铝合金高。通过门槛应力及弹性模量修正，可建立复合材料的本构关系（幂函数关系）[67]。但应力的产生原因较为复杂，而且需要进行低应变速率下的蠕变实验才能确定，给复合材料的变形机制研究带来困难。Prasad 等[68]在动力学模型上进行改进，使用动态材料模型建立了复合材料加工图分析方法，通过能量耗散率数值对不同温度与应变速率下的变形机制进行预测，与实验结果一致。复合材料高温变形加工图是指导塑性变形工艺的重要参考，相关研究者建立了搅拌铸造氧化铝增强铝基复合材料[69]、碳化硅增强铝基复合材料[70]和 $Al_{13}B_4O_{33}$ 晶须增强镁基复合材料[71]的加工图，并分别采用锻造试验及热模拟压缩试验验证了加工图的有效性。

对于颗粒增强铝/镁基复合材料，热变形过程会使增强相颗粒的应变梯度增加，进而导致位错密度增加，提升了再结晶形核驱动力。这是铝基复合材料在高温变形过程中常常发生动态再结晶的主要原因[72]，有助于细化晶粒。

在铝/镁基复合材料的热变形研究中，同时还发现其具有高应变速率超塑性特征。这对复合材料的成形加工尤其是使用板材近终形加工制备薄壁零件非常有利。由于增强相的存在，复合材料在高温下晶粒不易粗化。随着变形温度增加，满足晶粒滑动条件的应变速率随之增加，因而复合材料可在更高应变速率下获得超塑性[73]。研究者发现 $SiC_p/2024Al$ 复合材料在 $0.1s^{-1}$ 及更高的应变速率下冷轧可以获得超塑性[74]，颗粒尺寸为 $2\mu m$ 的 $SiC_p/MB2$ 在 485~540℃ 温度区间内呈现高应变速率超塑性[75]。塑性加工过程中颗粒增强铝/镁基复合材料的微观结构变化及规律是指导塑性加工技术改进的重要参考，尤其是摸索增强相颗粒及空洞疏松等缺陷的发展极为关键。

Borrego 研究发现[76]，颗粒增强铝/镁基复合材料在挤压过程中晶粒会被拉长并会发生动态再结晶细化，不过部分增强相颗粒会发生一定程度的开裂。但是颗粒开裂后新形成的界面附近并不产生明显的孔洞缺陷。截至目前，该过程的详细机制并未得到澄清。颗粒开裂对复合材料的整体性能有优有劣：一方面，增强相的开裂能够导致尺寸细化，适当提高整体材料的强度；但另一方面，较大尺寸的颗粒增强相发生损伤，破裂尺寸形状不一，往往在后期服役过程中成为裂纹源恶化材料整体性能。因此，加工参数的制定需要综合考虑这两种作用。一般来说，复合材料的加工应尽可能在动态再结晶或动态回复区间进行，以免因"不稳定流动"产生颗粒开裂或界面开裂等缺陷而导致性能下降[67]。除了增强相颗粒尺寸的变化，塑性变形过程也可能导致增强相颗粒的分布变化，使得复合材料内部的应力状态、应变情况产生变化。这些都对复合材料的性能有重要影响。当然，在制定塑性加工工艺时，也需要考虑合金基体的变形情况，并综合基体与增强相之间的相互作用。相关的模拟预测研究较为缺乏，仅能依靠实际实验对各工艺参数进行探索。

6.2.2.2 颗粒增强铝/镁基复合材料热处理及表面处理技术研究

1. 颗粒增强铝/镁基复合材料的后续热处理技术

铝/镁基复合材料的后续热处理多结合各种制备技术、增强相颗粒、基体合金种类而定，因而热处理参数多样[77]。

对喷射沉积制备的增强体体积分数为15%的碳化硅增强7075铝合金薄板来说，热处理过程中时效时间的影响最为明显，时效温度次之，固溶温度影响最小。采用合适的冷却方式、固溶参数能够在一定程度上提高喷射沉积颗粒增强铝基复合材料的强度、硬度、耐磨性及阻尼能力[77]。对原位合成法制备的TiB_2颗粒增强铝基复合材料热处理发现，增强相颗粒阻碍了合金元素在复合材料中的固溶，提高复合材料的固溶温度可以改善固溶效果。由于颗粒与基体之间的热错配大，同时在复合材料中存在大量位错，导致复合材料的时效时间提前[78]。经挤压铸造法制备的颗粒增强铝基复合材料中可能存在一定的残余应力，这是由于增强颗粒与铝基体之间的热膨胀系数差异较大而引起的，而且在挤压过程中，基体发生塑性应变，并且在SiC颗粒的尖角处造成热应力集中和塑性应变集中，采用后续的冷热循环处理能够很好地改善该情况[79]。对于具有可时效特性的镁基复合材料，时效同样可以使材料得到强化。增强相加入后，一般能促进镁基复合材料的时效进程：时效析出量增多，溶解推迟，材料的强度和硬度提高，但塑性降低。合适的热处理工艺能够使最终得到的颗粒增强铝/镁基复合材料具有良好的尺寸稳定性及耐点蚀性能等。

2. 颗粒增强铝基复合材料的表面处理技术

复合材料中增强相颗粒的存在，增大了整体材料的不均匀性，即材料存在一定的冶金缺陷，使复合材料在腐蚀性介质中的耐蚀性能比相应的合金基体差。一方面，增强相的加入使得其本身成为整体复合材料的腐蚀活性中心，在基体与增强相界面形成易引发腐蚀的沉淀相；另一方面，复合材料在制备过程中由于颗粒相与基体之间的热膨胀系数差异较大，使得成形材料内部易产生一定的残余应力，且颗粒增强相的存在也增加了材料的位错密度，这些改变均能够促使点蚀的生成。采取合适的表面处理方式，能够提高颗粒增强铝/镁基复合材料的耐腐蚀性能、耐磨损性能和耐高温氧化性能。此外，一些表面处理方法如化学镀镍等还能改善颗粒增强铝基复合材料的焊接性能，对后续连接加工有重要意义。

目前，颗粒增强铝基复合材料表面处理方法主要包括微弧氧化、阳极氧化、化学钝化、有机涂层和化学镀镍等。

金玲等发现[80]，对由搅拌铸造技术制备的碳化硅/ZL109 合金复合材料采用微弧氧化处理，能够在复合材料表面生成膜层。这种膜层分为疏松层和致密层。与其基体 ZL109 铝合金不同，复合材料经微弧氧化后表面膜层结构主要为 Al_2O_3 和 $MgAl_{13}O_{40}$，而微弧氧化陶瓷层主要由不同结构的 Al_2O_3 构成。测试结果发现，微弧氧化能够极大提升颗粒增强铝基复合材料的显微硬度，对于耐磨性的改善有重要作用。微弧氧化处理能够大幅度提高镁基材料的耐腐蚀性和耐磨性，调整电参数和电解液成分改变涂层的厚度和组织结构，进而优化涂层的耐腐蚀和耐磨性能[81]。

阳极氧化技术是改善颗粒增强铝基复合材料耐蚀性的重要手段之一。但因陶瓷颗粒增强相一般难溶于硝酸或硫酸，而且经碱蚀后表面容易出现以陶瓷颗粒为主要成分的"挂灰",所以不能用常规铝合金阳极氧化法直接处理颗粒增强铝基复合材料,可以通过提高铝合金阳极氧化参数的方法,在复合材料表面成膜[82]。

颗粒增强铝基复合材料在铈盐溶液中可以进行表面钝化处理,在溶液中适当添加双氧水等氧化剂能够提高钝化效果。铝基复合材料表面致密钝化膜的形成有利于提高其耐腐蚀性能。

采用Ni-P镀处理颗粒增强铝基复合材料也能在一定程度上改善其耐腐蚀性能,而且,镀层的存在能够有效地阻止复合材料在焊接过程中发生氧化,改善材料的钎焊性。

目前,对于提高镁基复合材料耐腐蚀性能方法的研究信息比较少,报道的腐蚀防护方法以施加保护性涂层为主,主要包括化学转化处理和激光熔覆技术,还有少量关于镁基复合材料激光表面热处理的研究信息。化学转化处理关于采用化学转化技术改善镁基复合材料耐腐蚀性能的报道非常有限。Gonzalez-Nunez等[83]采用锡酸盐体系的溶液在SiC_p/ZC71镁基复合材料表面成功制备了无铬化学转化膜,但是文献中并没有明确说明这种化学转化膜能否提高复合材料的耐腐蚀性能。Yue等[84]包括热喷涂和激光重熔两步的激光熔覆技术,分别采用不锈钢粉、Al-Zn混合粉,Al-Si合金粉等在SiC_p/ZK60镁基复合材料表面制备了激光覆层,均在一定程度上提高了镁基复合材料的耐腐蚀性能。

3. 颗粒增强铝基复合材料的加工技术

颗粒增强铝/镁基复合材料相对于合金基体来说具有许多优良的性能,但要获得工程上的应用并不容易,尤其是一些制备技术并不能作为复合材料的最终成形方法,因而后续加工颇为重要。增强颗粒如碳化硅等,其硬度较高,且随着增强颗粒的体积分数增大,复合材料整体会变得更硬更脆,机加工的难度将大大增加。目前国内外对于碳化硅增强铝基复合材料的加工技术研究主要包括钻削、铣削、磨削和特种加工等。其中对于钻削加工的研究较少,主要集中于对低体积分数的颗粒增强铝基复合材料进行研究。一般来说，刀具磨损率随着增强相的体积分数增加而增大，且存在体积分数的临界值，当体积分数低于临界值时，刀具的磨损率较小，高于临界值时，刀具磨损率急剧增大。颗粒增强铝基复合材料铣削加工是国内外研究者的主要研究方面。铣削过程中的铣削力、进给速度、切削温度、加工表面粗糙度、切屑形成机理、表面形貌和刀具磨损情况都是重点研究对象。磨削加工是最重要的机械精密和超精密的加工方法，与铣削相比，这种在颗粒增强铝基复合材料加工方面的研究较少，主要集中在磨削参数、磨削表面粗糙度、表面形貌和磨削力的研究。由于这些传统加工方法在颗粒增强铝基复合材料加工方面仍存在一些问题，研究者们将目光转向其他一些特种加工技术，例如电火花加工、激光切割等，使铝基复合材料的加工方式有更多选择[85]。目前对于镁基复合材料加工技术的研究缺乏。

6.2.3 颗粒增强铝/镁基复合材料的连接技术

可靠的连接是颗粒增强铝/镁基复合材料在工程应用中必须解决的重要问题之一。这是由于增强体与基体合金的物理和化学性能存在巨大差异，采用普通的焊接方法焊接时容易出现气孔、夹杂、成分偏析和焊缝成形不良等缺陷，且在高温情况下，基体与增强体之间容易发生界面反应，易于生成脆性的化合物，很难获得理想的焊接接头。到目前为止，国内外研究人员已经将多种焊接方法应用到颗粒增强铝基复合材料的焊接工艺中，并总结和分析了各种焊接方法存在的问题和缺陷。

1. 熔化焊接技术

这种焊接技术是最早应用于金属基复合材料的焊接方法。这种技术细分种类较多，包括：钨极惰气保护焊接（TIG）、金属基惰气保护焊接（MIG）、激光束焊接（LBW）、接触电阻焊接、电容放电焊接、等离子体焊接等。这些技术方法都能够应用于颗粒增强复合材料的焊接，但是仍存在一定的问题需要解决：大量固态颗粒增强相存在于熔化流体当中，影响熔体流动性，容易产生夹杂；焊接过程中，焊池冷却时，增强颗粒与基体之间容易产生剥离；焊接过程由于增强颗粒的存在，容易使最终产品中存在较大的残余应力，恶化接头性能；由于焊接填充中无增强颗粒存在，故最终焊缝金属与母材之间性能差异较大。

2. 固相连接技术

固相连接方法主要包括扩散焊接、摩擦焊接、激励电弧对焊等。其中扩散焊接及摩擦焊接是较为理想的连接方法。这些焊接技术避免了复合材料出现高温熔融、不会导致熔化焊等一系列问题。不过各种焊接技术也存在各自的问题，例如：摩擦焊形成的接头有一定的失强现象；扩散焊加压过程使基体塑性变形可能导致增强相损伤和分布的变化。

3. 钎焊

这种焊接技术是铝基复合材料常用的焊接技术。区别于其他方式，该技术方法的最大特点是焊接时温度较低，复合材料母材是在不熔化的情况下实现焊接的。焊接自由度较大，设备比较简单，因此被公认为是金属基复合材料最合适的焊接方式。钎焊种类较多，可以分为真空钎焊、电阻钎焊、保护气氛炉中钎焊、火焰钎焊、扩散钎焊及加压钎焊等。但是，钎焊技术在焊接颗粒增强铝基复合材料时也存在一定的难度，主要问题有：铝氧化膜及增强颗粒的存在会严重阻碍钎料在母材表面的润湿及铺展，使得颗粒与基体、基体与基体、颗粒与颗粒之间的连接难以进行；铝合金本身的钎焊性较差；钎焊温度需要严格控制；钎焊后母材易发生退火软化，往往需要后续热处理改善性能。

4. 其他新型连接技术[86]

随着颗粒增强铝/镁基复合材料需求的急速增长，传统焊接技术很难完全满足工业应用需求，新型连接技术不断被开发出来。

瞬时液相连接技术是在低于母材和填充钎料熔点的温度下，通过母材与钎料界面的相互扩散，达到低熔点共晶成分而熔化形成液态，然后在此温度下保持恒定温度使其继续扩散，达到液相与固相之间的成分，则开始等温结晶过程。完全结晶为固态后，继续保持恒温扩散则开始均匀化过程，完全均匀化后即形成与母材成分组织均匀一致的焊缝接头。

激光焊接的优点很明显,该方法具有独特的聚焦等激光参数精确控制能力,可避免复合材料纤维组织被过分损坏。此外,与许多传统方法相比,在焊接过程中,不需要加入填料也是激光焊接特有的优点。

搅拌摩擦焊是在传统摩擦焊的基础上派生出来的,它是自激光束焊以来最为引人注目的新工艺,在航天界引起了极大兴趣,以期用该工艺解决铝锂合金厚板的连接,继而解决金属基复合材料及不能焊的7075和7000系铝合金的焊接问题。搅拌摩擦焊是一种新型的焊接技术,整个过程是在固态下完成的,不会得到铸造组织,避免了采用熔化焊时因融化和凝固而形成的孔隙、微裂纹、变形以及残余应力,也避免了合金元素的烧损,且焊缝组织较母材更细密,接头强度一般不低于母材,且同时具有很好的弯曲韧性。

闪光对焊是压力焊的一种,它利用电阻热把焊接端面加热到金属熔化温度,并在压力作用下形成焊缝接头。闪光对焊加热时间短,在闪光后期虽然在接头端部形成一层液体铝薄层,但在顶锻阶段被挤出,露出干净的带有一定塑性的金属层,在压力作用下形成焊缝,能抑制增强相与基体间的界面反应,克服了用熔化焊及激光焊焊接这种材料时所具有的界面反应难题;并且在压力作用下接头区不易产生气孔、疏松、裂纹等缺陷。

此外,等离子喷涂法及焊缝"原位"合金化激光焊接技术也是颗粒增强铝基复合材料的有效连接技术。

6.3 技术壁垒分析

与其他金属基复合材料相比,铝/镁基复合材料的研究较早,在理论上和技术上都取得了很大的进展。由于铝基和镁基复合材料轻质,可设计性强,具有较优异的力学性能和热物理性能,目前已有部分铝基复合材料应用于航空航天、军事领域,在民用领域也有着十分广泛的应用前景。然而,从国内金属基复合材料专利情况可认识到,广东省铝基和镁基复合材料的制备技术和研发力量与国内其他发达地区相比相对薄弱,其体系化、制备工艺稳定化、制备设备关键技术的突破等方面仍存在较大不足，难以满足铝基和镁基复合材料规模化生产的技术需求。

根据铝/镁基复合材料制备技术组成，专家们分析了阻碍铝/镁基复合材料产业目标实现的技术壁垒要素及其可能形成的原因和可能的解决方案，如表6-3所示。

表6-3　铝/镁基复合材料技术壁垒要素及其形成原因和解决方案

技术壁垒要素	判断值	可能原因分析	可能解决方案
搅拌法			
缺乏高效的成套制备装备	9.41	国内铝/镁基复合材料的产业规模小、市场基础弱；材料评价标准化程度低	参考国外专利和技术，自主改造、研发设计；开发通用工艺与通用装备；提升产业规模
凝固过程中的组织缺陷控制	9.16	铝/镁合金原始熔体存在缺陷，凝固过程复杂；工艺参数精确调控难；专用装备成形性问题	控制凝固条件工艺、后续加工（如轧制等）、有害夹杂物的重新利用；提高工艺成熟度，制定标准操作守则；增加熔体的二次凝固工艺
比表面积大的增强颗粒分散性差，易团聚，难以制备高体分复合材料	9.09	颗粒本身表面能高，凝聚力强，难以分散；颗粒几何形状复杂多样，分散困难	引入磁场、超声波搅拌、采用真空搅拌、多级搅拌、化学分散、沉积等表面修饰等手段
增强颗粒的选择受基体材料限制，增强颗粒与基体之间存在界面反应问题	8.20	颗粒表面缺少合适的预处理；制备过程的长时间接触反应	设计合适的合金体系，建立颗粒与基体匹配关系；基体中添加抑制或调控界面反应的合金元素；颗粒表面预处理

续上表

技术壁垒要素	判断值	可能原因分析	可能解决方案
压力/无压浸渗			
缺乏准确的预制体评价技术	10	强度与粒径大小联系问题	采用3D-工业CT评价技术、三维XRD技术、压汞仪法联合评价
预制体质量差、开裂导致无增强相存在	9.73	预制体成形质量差，存在缺陷；低体积分数下，增强体的连接方式设计欠缺	选择合适粘结剂和煅烧工艺，改善预制体质量
缺乏复杂、大型形状构件制备技术	8.75	预制体结构单一；构件缺陷控制困难	采用3D打印预制体；严格控制工艺技术
预制体孔道联通性及其尺寸可控性差	8.65	预制体孔道设计缺乏；增强体颗粒的堆积方式设计欠缺	增强体粒径选取窄粒度分布和近球型；提高增强体颗粒设计技术及尺寸可控性
喷射沉积			
工艺控制与制备装备问题	10	喷射设备尺寸受限	引进大尺寸设备
喷射沉积制品的致密度低	9.42	喷射粉坯无压制过程，易形成气孔；工艺参数调控缺乏	通过后续加工改善；粉坯进行二次塑性加工致密
复杂构件制备困难	9.19	粉末在喷射过程均匀分散控制性差	优化喷射工艺，优选喷射压力、送粉速度等
粉末冶金			
大尺寸构件制备困难	9.10	设备尺寸受限；工艺技术不成熟	采用大尺寸冷热等静压设备，采用后续加工；粉浆铸造，粉体锻造

续上表

技术壁垒要素	判断值	可能原因分析	可能解决方案
粉末冶金			
复合材料制品致密度低	9.04	设备压制能力有限,烧结动力不足;基体与增强体润湿性研究不深入	采用高压设备,如热等静压方法、活化陶瓷颗粒,改善烧结工艺和增加后续加工改善;合理的合金元素或助烧剂的选择,增强体表面改性
原位生成			
增强相尺寸、形貌及分布难以控制	9.62	原位反应过程较难控制,无法实时直观控制	合金设计、工艺参数调控、装备设计相结合,优化工艺参数,统计分析组织形貌与工艺关系
增强相等体积参数受限	9.37	工艺控制不稳定,与组织关系研究不深入	改善设备工艺控制精度,结合热力学模拟分析,建立相关关系
增强体材料种类受限	8.38	原位自生增强相相关研究分散;增强相原位反应机制理论尚不深入	加深机制理论研究,引入体系热力学和动力学模拟,建立数据库;多相反应过程综合利用

6.4 研发需求分析

通过专家对铝/镁基复合材料研发项目的研讨和分值判定后,路线图制定工作组进行统计,将铝/镁基复合材料研发需求项目按等级划分并进行排序（顶级★、高级▲、中级●）,如表6-4所示。

在铝/镁基复合材料相关的研发项目中,确定了3项顶级研发项目,分值在8.75分及以上；1项高级研发项目,分值在8分以上；2项中级研发项目,分值在7分以上。

铝/镁基复合材料相关研发需求项目的时间节点分为近期（<3年）、中期（3～10年）、远期（>10年）,通过头脑风暴法研讨并最终经过专家评定,铝/镁基复合材料的研发需求项目时间节点排序如表 6-5 所示,其中近期(<3 年)可完成的研发项目有 2 项,中期(3~10 年)可完成的研发项目有 4 项,无远期(>10 年)需完成项目。

表 6-4 广东省铝/镁基复合材料研发项目指南

编号	研发项目	优先级	专家判定值	排序
1	LED 电子封装用高导热、高模量铝基复合材料制备技术	顶级★	9.17	1
2	航天领域用轻质高强铝基复合材料开发及应用	顶级★	9.06	2
3	高效低成本铝基复合材料加工装备开发	顶级★	8.75	3
4	高耐磨性颗粒增强铝基复合材料的产业化技术研究	高级▲	8.23	4
5	高强度镁基复合材料的开发与应用技术研究	中级●	7.81	5
6	铝基复合材料的再生与回收技术及装备开发	中级●	7.71	6

表 6-5 铝/镁基复合材料研发项目实施的时间节点

时间节点	研发项目	优先级
近期(<3 年)	LED 电子封装用高导热、高模量铝基复合材料制备技术	顶级★
	高耐磨性颗粒增强铝基复合材料的产业化技术研究	高级▲
中期(3~10 年)	航天领域用轻质高强铝基复合材料开发及应用	顶级★
	高效低成本铝基复合材料加工装备开发	顶级★
	铝基复合材料的再生与回收技术及装备开发	中级●
	高强度镁基复合材料的开发与应用技术研究	中级●

6.5 研发项目描述

对已凝练的铝/镁基复合材料研发需求项目的风险性进行分析,通过各方专家研讨综合评分,确定各研发项目的风险性(高、中、低)。

以专家确定的铝/镁基复合材料研发需求项目,设计风险分析调查问卷,经统计计算,最终确定的风险分析结果表明,铝/镁基复合材料顶级、高级和中级研发需求项目风险等级皆为中等,如表6-6所示。

表6-6 铝/镁基复合材料研发项目实施的风险性

优先级	研发项目	风险等级
顶级★	LED电子封装用高导热、高模量铝基复合材料制备技术	中等风险
顶级★	航天领域用轻质高强铝基复合材料开发及应用	
顶级★	高效低成本铝基复合材料加工装备开发	
高级▲	高耐磨性颗粒增强铝基复合材料的产业化技术研究	
中级●	高强度镁基复合材料的开发与应用技术研究	
中级●	铝基复合材料的再生与回收技术及装备开发	

对已凝练的铝/镁基复合材料研发需求项目进行研发组织主体分析和技术发展模式分析。专家确定的铝/镁基复合材料研发需求项目研发组织主体分析如表6-7所示。通过调查问卷得到的结果显示:铝/镁基复合材料研发需求项目研发主体为产学研,其中需企业、产业和政府三者共同联合完成的研发需求项目有1项顶级研发项目和1项中级研发项目;政府主导的有1项顶级研发项目;产业和企业联合主导的有1项顶级项目,企业主导的有1项高级项目;产业主导的有1项中级项目。

在铝/镁基复合材料技术发展模式分析中,经过专家填写的调查问卷进行整理统计,研发需求项目的技术发展模式主要为国内自主研发和国内

表6-7 铝/镁基复合材料研发项目研发组织主体分析

优先级	研发项目	企业	产业	政府	研发主体
顶级★	LED电子封装用高导热、高模量铝基复合材料制备技术	35%	38%	27%	产学研 三者共同主导
顶级★	航天领域用轻质高强铝基复合材料开发及应用	35%	23%	42%	产学研 政府主导
顶级★	高效低成本铝基复合材料加工装备开发	35%	46%	19%	产学研 产业、企业主导
高级▲	高耐磨性颗粒增强铝基复合材料的产业化技术研究	54%	38%	8%	产学研 企业主导
中级●	高强度镁基复合材料的开发与应用技术研究	46%	23%	31%	产学研 三者共同主导
中级●	铝基复合材料的再生与回收技术及装备开发	28%	44%	28%	产学研 产业主导

技术合作,其中自主研发有1项高级研发项目和1项中级研发项目,国内技术合作有3项顶级研发项目和1项中级研发项目,具体结果如图6-7所示。

铝/镁基复合材料可开发的产品品种众多,可应用的领域涵盖航天、电子电工、汽车交通等,广东省铝/镁基复合材料产业未来10年需注重产学研联合开发,结合自主研发与技术合作,开发高效、高性能、低成本的铝/镁基复合材料。

技术发展模式 \ 时间	近期（＜3年）	中期（3~10年）
自主研发	▲高耐磨性颗粒增强铝基复合材料的产业化技术研究	●铝基复合材料的再生与回收技术及装备开发
技术引进	无	无
技术合作	★LED电子封装用高导热、高模量铝基复合材料制备技术	★航天领域用轻质高强铝基复合材料开发及应用 ★高效低成本铝基复合材料加工装备开发 ●高强度镁基复合材料的开发与应用技术研究

图6－7　铝/镁基复合材料研发项目技术发展模式分析

参考文献

[1] Mao X N, Zeng Q P, Lu F. Particle reinforced aluminum and magnesium matrix composites [J]. International Materials Reviews, 1994, 39 (1): 1－23.

[2] Romanova V A, Balokhonov R R, Schmauder S. The influence of the reinforcing particle shape and interface strength on the fracture behavior of a metal matrix composite [J]. Acta Materialia, 2009, 57 (1): 97－107.

[3] Santanu S, Karmakar S K, Debdulal D. Ultrasonic assisted fabrication of magnesium matrix composites: a review [J]. Materials Today: Proceedings, 2016, 4: 3280－3289.

[4] 王文明，潘复生，曾苏民. 碳化硅颗粒增强铝基复合材料开发与应用的研究现状 [J]. 兵器材料科学与工程, 2004, 27 (3): 61－67.

[5] 薛阳，宋旼，肖代红. 颗粒增强铝基复合材料的制备及力学性能 [J]. 自然杂志, 2015, 37 (1): 41－48.

[6] Gowri S M C, Raviraj S, Achutha K, et al. Individual and combined effect of reinforcements on stir cast aluminium metal matrix composites—a review [J]. International Journal of Current Engineering and Technology, 2013, 3 (3): 922－934.

[7] Zhang Z, Long S, Flower H M. Light alloy composite production by liquid metal infiltration [J]. Composites, 1994, 25 (5): 380-392.

[8] Mahesh V P, Nair P S, Rajan T P D, et al. Processing of surface-treated boron carbide-reinforced aluminum matrix composites by liquid-metal stir-casting technique [J]. Journal of Composite Materials, 2011, 45 (23): 2371-2378.

[9] 王辉, 周海涛, 王顺成, 等. 颗粒尺寸对SiC_p/6061铝基复合材料组织与性能的影响 [J]. 铸造, 2014, 63 (10): 1005-1009.

[10] 李增苗, 金培鹏, 王金辉, 等. SiC_p/6061铝基复合材料的高温蠕变行为 [J]. 材料热处理学报, 2014, 35 (7): 126-130.

[11] 苏海, 高文理, 毛成, 等. 搅拌铸造SiC_p/2024铝基复合材料的显微组织与力学性能 [J]. 中国有色金属学报, 2010, 20 (2): 217-225.

[12] 卢健, 高文理, 苏海, 等. 搅拌铸造法制备SiC_p/A356铝基复合材料的研究 [J]. 铸造设备与工艺, 2009, 4: 15-17; 43.

[13] 曹建刚, 庄英菊. Al_2O_3颗粒增强铝基复合材料热膨胀性能研究 [J]. 热加工工艺, 2013, 42 (4): 120-122.

[14] Oakley R, Cochrane R F, Stevens R. Recent developments in magnesium matrix composite [J]. Key Engineering Materials, 1995, 104-107: 387-416.

[15] Saravanan R A, Surappa M K. Fabrication and characterisation of pure magnesium-30vol.%SiC_p particle composite [J]. Materials Science and Engineering A, 2000, 276: 108-116.

[16] Hashim J, Looney L, Hashmi M S J. Metal matrix composites: production by the stir casting method [J]. Journal of Materials Processing Technology, 1999, 92-93: 1-7.

[17] Poddar P, Srivastava V C, De P K, et al. Processing and mechanical properties of SiC reinforced cast magnesium matrix composites by stir casting process [J]. Materials Science and Engineering A, 2007, 460-461: 357-364.

[18] Lou A. Processing, microstructure, and mechanical behavior of cast magnesium metal matrix composites [J]. Metallurgical and Materials Transactions A, 1995, 26: 2445-2455.

[19] Rozak G A. Effects of processing on the properties of aluminum and magnesium matrix composites [D]. Cleveland, Ohio: Case Western Reserve University, 1993.

[20] Mikucki B A, Mercer W E, Green W G. Extruded magnesium alloys reinforced with ceramic particles [J]. Light Metal Age, 1990, 6: 12 – 16.

[21] 赵龙志, 杨敏. 颗粒增强铝基复合材料的研究 [J]. 热加工工艺, 2011, 40 (20): 107 – 110; 115.

[22] Pai B C, Ramani G, Pillai R M, et al. Role of magnesium in cast aluminium alloy matrix composites [J]. Journal of Materials Science, 1995, 30 (8): 1903 – 1911.

[23] 陈玉喜, 李斗星, 张国定. (SiC + B_4C) /MB_{15} 镁基复合材料的微观结构 [J]. 金属学报, 2000, 36 (11): 1229 – 1232.

[24] 黄永攀, 李道火, 王锐, 等. 铸造法制备颗粒增强铝基复合材料及技术问题 [J]. 中国铸造装备与技术, 2004, 2: 1 – 3.

[25] Gui M C, Wang D B, Wu J J, et al. Microstructure and mechanical properties of cast (Al-Si) /SiC_p composites produced by liquid and semisolid double stirring process [J]. Materials Science and Technology, 2000, 16 (5): 556 – 563.

[26] Fan Z, Liu G, Wang Y. Microstructure and mechanical properties of rheo-diecast AZ91D magnesium alloy [J]. Journal of Materials Science, 2006, 41 (12): 3631 – 3644.

[27] 樊建中, 石力开. 颗粒增强铝基复合材料研究与应用发展 [J]. 宇航材料工艺, 2012, 1: 1 – 7.

[28] 张强, 陈国钦, 武高辉, 等. 含高体积分数 SiC_p 的铝基复合材料制备与性能 [J]. 中国有色金属学报, 2003, 13 (5): 1180 – 1183.

[29] 张强, 陈国钦, 姜龙涛, 等. 两种粒径颗粒混合增强铝基复合材料的导热性能 [J]. 复合材料学报, 2005, 22 (1): 47 – 51.

[30] 李月英, 刘勇兵, 曹占义, 等. $Al_2O_3 \cdot SiO_2$ 颗粒增强铝基复合材料的摩擦磨损特性 [J]. 材料科学与工艺, 2003, 11 (2): 140 – 143.

[31] 郝元恺, 姜冀湘, 赵询. 碳化硼颗粒/镁合金复合材料的工艺与性能 [J]. 复合材料学报, 1995, 12 (4): 8 – 11.

[32] Yamauchi T, Nishida Y. Infiltration kinetics of fibrous preforms by aluminum with

solidification [J]. Acta Metallurgica et Materialia, 1995, 43 (4): 1313 – 1321.

[33] 张雪因, 耿林, 郑镇洙, 等. SiC_w 和纳米 SiC_p 混杂增强铝基复合材料的制备与评价 [J]. 中国有色金属学报, 2004, 14 (7): 1101 – 1105.

[34] 王玉庆, 郑久红, 唐风军, 等. 挤压铸造铝基复合材料 [J]. 稀有金属材料与工程, 1994, 23 (2): 64 – 68.

[35] Geng L, Ochiai S, Peng H, et al. Fabrication of nanocrystalline ZrO_2 particle reinforced aluminum alloy composite by squeeze casting route [J]. Scripta Materialia, 1998, 38 (4): 551 – 557.

[36] 徐志锋, 余欢, 蔡长春, 等. 真空变压力浸渗法制备高体积分数 SiC_p/Al 复合材料 [J]. 中国有色金属学报, 2006, 16 (9): 1551 – 1557.

[37] Aghajanian M, Burke J, White D, et al. A new infiltration process for the fabrication of metal matrix composites [J]. Sampe Quarterly, 1989, 20: 43 – 46.

[38] 韩桂泉, 胡喜兰, 李京伟. 无压浸渗制备结构/功能一体化铝基复合材料的性能及应用 [J]. 航空制造技术, 2006, (1): 95 – 97; 100.

[39] 崔岩. 以自蔓延高温合成 SiC 颗粒为增强体的光学/仪表级铝基复合材料 [J]. 材料工程, 2001, 12: 12 – 15.

[40] 崔岩, 郭顺, 赵会友. 高体份 SiC_p/Al 复合材料型芯法无压浸渗近净成形制备技术 [J]. 航空材料学报, 2010, 6: 51 – 56.

[41] 倪增磊, 王爱琴, 田可庆. 铝基复合材料的制备方法 [J]. 热加工工艺, 2011, 40 (20): 99 – 102; 121.

[42] 徐跃, 高霖, 崔崇, 等. 无压浸渗制备 Al/SiC_p 陶瓷基复合材料研究 [J]. 铸造技术, 2011, 2: 200 – 202.

[43] 张强, 姜龙涛, 武高辉. 无压浸渗法制备氧化态 SiC 颗粒增强铝基复合材料 [J]. 无机材料学报, 2012, 4: 353 – 357.

[44] 马国俊, 丁雨田, 金培鹏, 等. 粉末冶金法制备铝基复合材料的研究 [J]. 材料导报, 2013, 27 (15): 149 – 154.

[45] 郑晶, 贾志华, 马光. 碳化硅颗粒增强铝基复合材料的研究进展 [J]. 钛工业进展, 2006, 23 (6): 13 – 16.

[46] 樊建中, 桑吉梅, 石力开. 颗粒增强铝基复合材料的研制、应用与发展 [J].

材料导报, 2001, 15 (10): 55 - 57; 49.

[47] Fogagnolo J B, Velasco F, Robert M H, et al. Effect of mechanical alloying on the morphology, microstructure and properties of aluminium matrix composite powders [J]. Materials Science and Engineering A, 2003, 342 (1 - 2): 131 - 143.

[48] Singer A R E. Principles of spray rolling of metals [J]. Metals Materials, 1970, 4 (6): 246 - 250.

[49] Brooks R G, Moore C, Leatham A G, et al. The osprey process [J]. Powder Metallurgy, 2013, 20 (2): 100 - 102.

[50] 贺毅强, 陈志钢. 多层喷射沉积颗粒增强铝基复合材料的研究现状与发展趋势 [J]. 材料科学与工程学报, 2012, 30 (6): 943 - 949.

[51] Gupta M, Mohamed F A, Lavernia E J. Solidification behavior of Al-Li-SiC$_p$ MMCS processed using variable co-deposition of multi-phase materials [J]. Materials and Manufacturing Processes, 1990, 5 (2): 165 - 196.

[52] Yue U, Lavernia E J. Interaction mechanisms between ceramic particles and atomized metallic droplets [J]. Metallurgical Transactions A, 1992, 23 (10): 2923 - 2937.

[53] Singer A R E. Metal matrix composites made by spray forming [J]. Materials Science and Engineering A, 1991, 135: 13 - 17.

[54] 陈振华, 黄培云, 蒋向阳, 等. 多层喷射沉积规律 [J]. 中国有色金属学报, 1995, 5 (4): 70 - 72.

[55] Gotman I, Koczak M J, Shtessel E. Fabrication of Al matrix in situ composites via self-propagating synthesis [J]. Materials Science and Engineering A, 1994, 187 (2): 189 - 199.

[56] 王芬. 原位反应合成 Al_2O_3 (P, W) /Ti-Al 复合材料的研究 [D]. 西安: 西安理工大学, 2007.

[57] Roy D, Ghosh S, Basumallick A, et al. Preparation of Fe-aluminide reinforced in situ metal matrix composites by reactive hot pressing [J]. Materials Science and Engineering A, 2006, 415 (1 - 2): 202 - 206.

[58] Feng C F, Froyen L. Microstructures of in situ Al/TiB$_2$ MMCs prepared by a casting

route [J]. Journal of Materials Science, 2000, 35 (4): 837-850.

[59] Durai T G, Das K, Das S. Synthesis and characterization of Al matrix composites reinforced by in situ alumina particulates [J]. Materials Science and Engineering A, 2007, 445-446: 100-105.

[60] 杨磊, 刘炳, 刘国明, 等. 颗粒增强铝基复合材料的制备工艺 [J]. 热加工工艺, 2009, 38 (10): 93-97.

[61] 陈子勇, 陈玉勇, 舒群, 等. 熔体反应内生 Al 基复合材料的制备和凝固组织控制 [J]. 金属学报, 1999, 8: 874-878.

[62] 王庆平, 姚明, 陈刚. 反应生成金属基复合材料制备方法的研究进展 [J]. 江苏大学学报: 自然科学版, 2003, 3: 57-61.

[63] 柴跃生, 张树瑜, 梁建民. 原位内生颗粒增强铝基复合材料研究进展 [J]. 太原重型机械学院学报, 2001, 2: 138-143.

[64] 李桂荣. 原位制备颗粒增强铝基复合材料的组织控制和性能研究 [D]. 镇江: 江苏大学, 2007.

[65] Pal S, Mitra R, Bhanuprasad V V. Aging behaviour of Al-Cu-Mg alloy-SiC composites [J]. Materials Science and Engineering A, 2008, 480 (1-2): 496-505.

[66] Ma Z Y, Tjong S C, Wang Z G. Cyclic and static creep behavior of Al-Cu alloy composite reinforced with in-situ Al_2O_3 and TiB_2 particulates [J]. Materials Science and Engineering A, 1999, 264 (1-2): 177-187.

[67] Li Y, Langdon T G. A unified interpretation of threshold stresses in the creep and high strain rate superplasticity of metal matrix composites [J]. Acta Materialia, 1999, 47 (12): 3395-3403.

[68] Prasad Y, Rao K P, Sasidhar S. Hot working guide: a compendium of processing maps [M]. ASM International, 2015.

[69] Radhakrishna B B V, Mahajan Y R, Roshan H M. et al. Processing map for hot working of powder [J]. Metallurgical Transactions A, 1992, 23 (8): 2223-2230.

[70] 金方杰, 欧阳求保, 周伟敏, 等. 14% SiC/7A04 铝基复合材料的加工图 [J]. 机械工程材料, 2008, 32 (10): 76-79.

[71] 王春艳. Al$_{18}$B$_4$O$_{33}$W/Mg 复合材料热压缩变形行为与微观机制 [D]. 哈尔滨: 哈尔滨工业大学, 2007.

[72] Ceschini L, Minak G, Morri A. Forging of the AA2618/20vol. % Al$_2$O$_3$p composite: effects on microstructure and tensile properties [J]. Composites Science and Technology, 2009, 69 (11−12): 1783−1789.

[73] 肖伯律, 马宗义, 王全兆, 等. 高性能铝基复合材料的设计与加工技术 [J]. 中国材料进展, 2010, 29 (4): 28−35; 7.

[74] Xiao B L, Ma Z Y, Bi J. Investigation on super plasticity in SiC$_p$/2024 cold rolling sheet after heat treatment [J]. Journal of Materials Science & Technology, 2003, 19 (4): 382−384.

[75] 陈培生. MB2/SiC 复合材料的高应变速率超塑性 [J]. 中国有色金属学报, 2000, 10 (2): 149−154.

[76] Borrego A, Fernández R. Influence of extrusion temperature on the microstructure and the texture of 6061Al-15vol. % SiC$_w$ PM composites [J]. Composites Science and Technology, 2002, 62 (6): 731−742.

[77] 张蜀红, 刘炳. 铝基复合材料热处理的研究及发展应用 [J]. 热加工工艺, 2009, 38 (22): 79−82.

[78] 易宏展, 马乃恒, 李险峰, 等. 原位合成 TiB$_2$/ZL109 复合材料的热处理特性 [J]. 中国有色金属学报, 2005, 8: 1184−1188.

[79] 韩媛媛, 武高辉, 李凤珍, 等. 热处理过程中 SiC$_p$/2024Al 复合材料的热应力分析 [J]. 材料科学与工艺, 2004, 3: 298−302.

[80] 金玲, 杨忠, 李高宏, 等. SiC$_p$/ZL109 铝基复合材料微弧氧化层的微观组织特征 [J]. 兵器材料科学与工程, 2003, 26 (3): 31−35.

[81] 王艳秋. 镁基材料微弧氧化涂层的组织性能与生长行为研究 [D]. 哈尔滨: 哈尔滨工业大学, 2007.

[82] 王向荣, 田彦文, 李建伟. 颗粒增强铝基复合材料制备方法及其表面处理技术 [J]. 轻合金加工技术, 2006, 34 (2): 27−30; 35.

[83] Gonzalez-Nunez M A, Nunez-Lopez C A, Skeldon P, et al. A non-chromate conversion coating for magnesium alloys and magnesium-based metal matrix composites

[J]. Corrosion Science, 1995, 37: 1763-1772.

[84] Yue T M, Hu Q W, Wei Z, et al. Laser cladding of stainless steel on magnesium ZK60/SiC composite [J]. Materials Letters, 2001, 47: 165-170.

[85] 曹波. 中高体积分数铝基复合材料精密钻铣加工研究 [D]. 大连: 大连理工大学, 2014.

[86] 董月玲, 黄继华, 闫久春, 等. 碳化硅增强铝基复合材料连接技术研究进展 [J]. 材料导报, 2003, 17 (11): 63-65; 81.

7 铜基复合材料

7.1 概述

铜及铜合金由于具有优良的导热性、导电性、耐腐蚀性、接合性、可加工性等综合物理和力学性能，且价格适中，在电子、电器工业、电力、仪表和军工中作为导电、导热功能用途十分广泛，是不可缺少的基础材料之一。但是随着科学技术的发展，传统铜合金已不能全面满足航天航空、微电子等高新技术迅速发展对其综合性能的要求，尤其在强度和导电性方面不能兼得。为此，近年来世界各国都在开发同时具备高强度和高导电性能的铜基复合材料，且已逐渐成为一些高新技术和国民经济领域不可或缺的关键结构/功能材料。

铜基复合材料，是在铜或铜合金基体中通过不同工艺技术引入增强相，从而使基体强度，特别是高温强度得到大幅度提高的一种复合材料。相对于铜及其合金，铜基复合材料是一类具有优良综合性能的新型结构功能一体化材料。其不仅强度高，导电性和导热性与纯铜相近，而且还有良好的抗电弧侵蚀和抗磨损能力，是一种具有广阔应用前景的新型材料。随着航空航天、机械、电子工业的发展，对这类具有高导电、高导热和高强度复合材料的需求越来越迫切，其中颗粒增强是一种非常有效提升铜基复合材料性能的方式。颗粒增强铜基复合材料因其优良的高温强度、高导电性和高导热性，已广泛应用于金属熔铸、电子信息、电真空器件、高压开关，以及高速电气化铁路装备和汽车制造等行业中的电阻焊电极、大推力火箭发动机内衬、结晶器、弓网等高新技术领域。国内中南大学、西安理工大学、中铝洛阳铜业有限公司、北京有色金属研究总院、昆明冶金研究院、西北工业大学、河北工业大学、上海交通大学、天津大学、西安交通大学、河南科技大学等也都开展了高性能铜基材料强化技术的研究工作，先后研发了一系列高性能铜基材料，并成功应用于电力线、引线框架、高压开关触头等领域。国内对铜基复合材料的研究虽然起步较晚，但在20世纪90年代以来，许多研究单位对该系列材料给予了极大的关注，对材料进行了实验研究和产业化开发，取得了很大进展，但在大尺寸铜基复合材料制备等方面与国外先进水平相比仍有较大差距。

目前国内铜基复合材料在技术研究领域还存在着一些问题，虽然国内已研究出多种制备铜基复合材料的方法，但大多仍停留在实验室阶段，由于其工艺过于复杂、工艺参数不稳定而尚未能实现规模化生产。另外，虽然国内的一些厂家已经能够小批量生产一些铜基复合材料制品，但是大规格毛坯的生产由于致密性问题仍然停滞不前。因此，如何简化工艺、稳定参数、提高大尺寸制品致密化、尽快实现铜基复合材料低成本和产业化是铜基复合材料研发和生产领域面临的亟须解决的关键技术问题。以下重点分析颗粒增强铜基复合材料的技术研究现状。

7.2 技术现状分析

目前，研制高强度、高导电铜基材料遇到的首要问题是材料的导电性与强度难以兼顾的矛盾，即电导率高则强度低，但强度的提高又是以损失电导率为代价。目前，铜的强化方式主要有两种：一是在基体中加入合金元素，通过合金化强化铜基体而形成铜合金，即合金化法；二是在基体中加入高熔点、高硬度的陶瓷粒子，产生弥散强化，即复合材料法。复合材料法既能同时发挥基体材料和强化相的协同作用，又具有很大的设计自由度，同时不会明显降低铜基体的导电性。导电理论指出，固溶在铜基体中的原子引起的铜原子点阵畸变对电子的散射作用较第二相引起的散射作用要强得多。强化方式为复合材料法的颗粒增强铜基复合材料是指在铜基体中直接加入或通过一定的工艺原位生成弥散分布的第二相颗粒，综合利用形变强化和第二相颗粒的弥散强化获得高的材料强度，同时尽量降低铜基体中固溶态的溶质原子和杂质原子含量，使其具有和纯铜接近的高导电性和高导热性。因此，相对于合金化而言，颗粒增强铜基复合材料的复合强化不会明显降低铜基体的导电性，而且由于强化相的作用还改善了基体的室温及高温性能，成为获得高强度、高导电铜基材料的主要强化手段。另外，增强颗粒在提高铜基复合材料力学性能的同时，也改善了其摩擦磨损性能。将固体润滑材料与铜复合制成金属基自润滑材料是铜基复合材料重要的用途之一，据统计，目前全世界铜粉末产量的70%被用于制造摩擦材料[1]。

目前已开发出多种工艺方法用于制备颗粒增强铜基复合材料，但有些工艺不适合用于规模化生产，因此如何从现有的多种方法中选择最经济的制备方法，深入研究颗粒的形成机理、颗粒与基体的界面特征、强化机制，以及微观结构和力学性能的关系，并研究出真正适合于工业化生产的工艺，是颗粒增强铜基复合材料产业发展的重点。本部分将从颗粒增强铜基复合材料增强相的选择、制备工艺、后续加工技术及应用出发，结合国内外最新研究成果，分析铜基复合材料的技术现状。

7.2.1 颗粒增强铜基复合材料增强相的选择

传统提高铜基材料强度的方法有应变强化、固溶强化及沉淀硬化等，但在高温下金属发生再结晶，第二相粗化和溶解及金属间化合物长大，且固溶强化又大大降低材料的传导性，因此以上强化方式在高温条件下都将失效。颗粒增强铜基复合材料是一类以高强度、高熔点、高稳定性的陶瓷颗粒作为增强相的高性能铜基复合材料，以其弥散强化机制在高温条件下仍能保持高的强度和优越的高温性能。其材料结构、成分设计和制备工艺与传统的颗粒增强金属基复合材料具有共性，但也具有特殊性[2]。颗粒增强铜基复合材料的性能主要取决于铜基体、增强体的性能以及增强体与基体之间界面的特性。因此，增强体选择需基于以下方面考虑：①在高温状态下具有良好的化学稳定性，在复合材料的制备与使用过程中结构和性能不发生明显变化；②具有良好的耐磨性和高的强度；③具有低膨胀系数，以及与铜基体之间具有很好的匹配性和界面浸润性。

根据铜基复合材料的性能要求,首先要保证在高温状态下,增强相颗粒具备热动力学和化学的稳定性。颗粒增强铜基复合材料在制备或者加工处理过程中经受的温度很高,如果要想获得抗蠕变的狭长的晶粒组织时,需要进行1100℃×100h的最终二次再结晶[3],所以要求添加的增强相颗粒的稳定温度一定要超过1100℃。其次要考虑增强相颗粒的导热导电性,选用适当的一种或多种增强相颗粒,在保证铜基体高导电性的同时,充分发挥增强相的弥散强化作用,使其导电性和强度达到最佳配合。另外,还需要减小增强相颗粒与铜基体的热膨胀系数的差值,这样可以提高增强相颗粒的抗疲劳能力[4,5]。铜基体中加入颗粒能够显著改善复合材料的摩擦磨损性能,这种颗粒增强型铜基复合材料虽然性能较纤维增强型和晶须增强型铜基复合材料差,但因其具有较高的耐磨性、高温力学性能和较低的热膨胀系数,制备工艺简单、成本较低,并且可以保证导电率仍维持在较高水平,近年来发展迅速,成为国内外材料界研究的热点。颗粒增强体一般主要是陶瓷颗粒和金属间化合物颗粒,常用的增强体主要包括氧化物(如 Al_2O_3,ThO_2,BeO,TiO,CrO_2,ZrO_2 等)、碳化物、氮化物、硼化物、硅化物。这些颗粒具有高硬度、高熔点、高化学稳定性等特点(表7-1),决定了它们能有效地提高金属基体的强度、耐磨性、耐热性和耐蚀性。另外,石墨、金属间化合物(如 Ni_3Al,Fe_3Al,$FeAl$,$MoSi_2$ 颗粒)、金属材料(如 W,Mo,Si 颗粒)都可以作为增强体添加到铜基体中改善材料的性能。

表7-1 常用增强颗粒的物理性能

增强体	密度 ($\times 10^3$)/ ($kg \cdot m^{-3}$)	热膨胀系数 ($\times 10^{-6}$)/ $℃^{-1}$	导热系数/ ($W \cdot m^{-1} \cdot K^{-1}$)	弹性模量/GPa	莫氏硬度
石墨	1.6~2.2	2.5~4.8	129	9.5~22	1~2
SiC	3.2~3.25	3.3	100~350	150~450	9.5

续上表

增强体	密度 ($\times 10^3$) / ($kg \cdot m^{-3}$)	热膨胀系数 ($\times 10^{-6}$) / $℃^{-1}$	导热系数 / ($W \cdot m^{-1} \cdot K^{-1}$)	弹性模量/GPa	莫氏硬度
TiC	4.94	4.1~7.7	110	440~500	9.5
B_4C	2.51	4~6	30~45	390~440	9.3
WC	15.63	3.7~4.7	40~80	450~650	9
TiB_2	4.52	5.6-10	60~120	370~570	9
Al_2O_3	3.94	5.4	24~39	220~350	9
Si	2.33	3.0	150	182	7

7.2.2　颗粒增强铜基复合材料的制备技术

为获得性能优良的铜基复合材料，除要满足增强体均匀分布于铜基体且在界面处保持良好结合的条件外，还应针对增强体的特点，采用不同的方法来制备复合材料。目前，开发了较多的方法来制备铜基复合材料，包括粉末冶金法、机械合金化法、共沉淀法、复合电沉积法、反应喷射沉积法、原位自生反应法、溶胶－凝胶法和内氧化法，现以 Al_2O_3/Cu 基复合材料的制备为例进行介绍。

粉末冶金法主要工艺：将 Al_2O_3 粉与纯铜粉混合均匀→压制成形→烧结。粉末冶金法工艺成熟，但由于常规方法难以制得纳米级的 Al_2O_3 粉，粉末冶金法不能同时实现 Al_2O_3 粒子的细化与分布均匀化。而粗大的 Al_2O_3 颗粒会限制 Al_2O_3/Cu 基复合材料性能的提高。

机械合金化法是1970年美国 Benjamin 研制成功的一种新工艺。采用高能球磨机使铜粉与细小的 Al_2O_3 粒子混合、变形，使粉末达到原子级的紧密结合状态，直至形成合金固溶体，并使 Al_2O_3 粒子分布均匀，然后压制、烧结、加工成形。此法的缺点是得到的晶粒尺寸较大且生产控制困难。

共沉淀法是用硝酸铜和硫酸铝做原料，配制成含有一定体积分数的

Al_2O_3 当量值的水溶液,在20℃下搅拌并向其添加一定体积摩尔浓度氨溶液,经沉淀过滤后再用冷水洗涤沉淀物,随后在110℃下烘干并使之引燃成氧化物,最后进行选择性还原处理。另一种途径是将该溶液换成尿素溶液,可以控制共沉淀过程,得到颗粒更加细小、混合更加均匀的沉淀物,有利于提高复合材料的性能,但是其方法工艺流程繁琐,成本较高,难以适应规模化生产。

复合电沉积法是近20年来发展起来制备金属基复合材料的新方法。它通过将镀液中的陶瓷、矿物与树脂等颗粒与基体合金共沉积到阴极表面形成复合镀层,从而大大改善材料的性能,在向复合镀液中添加 Al_2O_3 颗粒前,应先向颗粒中加入添加剂及适量的蒸馏水充分搅拌,以打碎团聚的 Al_2O_3 颗粒,并脱去表面不溶物和杂质。复合电沉积法不需高温、制备工艺简单、成本低廉、成分可控性好,但颗粒在镀液中均匀悬浮不易控制。

反应喷射沉积法利用合氧氮气做雾化气,同时氧化 Cu – Al 合金雾滴中的 Al,生成细小的 Al_2O_3 粒子,然后沉积得到一定体积的复合材料,随后在900℃热挤压成形。由于合金液被气体分散成非常细小的液滴,反应迅速,生成的粒子大部分为 Al_2O_3,颗粒度为100～300nm。此方法得到的复合材料软化温度可达到500℃,导电率可达到92% IACS,抗拉强度比纯铜明显提高。但在实际生产中,此工艺对含氧量的控制较难,目前尚未成熟。

原位反应法是将 CuO 粉、Al 粉和粉末添加剂按一定比例混合,在球磨机内球磨10h,干态下将粉末压制成一定体积分数的预制块,经1h除气后压入熔化的 Cu 液中,然后铜模浇铸得到复合材料。用此方法得到的复合材料 Al_2O_3 粒度较大,且存在较多 CuO,性能较低。

溶胶 – 凝胶法是将氨水逐滴滴入剧烈搅拌的硝酸铝溶液中至 pH = 9,得到 $Al(OH)_3$ 溶胶,搅拌、静置、过滤,得到铜与氢氧化铝湿凝胶混合物,随后将混合物放入球磨机中湿粉球磨4～5h,室温干燥24h,装入石墨模中热压烧结,然后加工成形。此方法工艺过程易控,制得的材料性能较好,但目前仍处于实验阶段。

内氧化法的原理是在合金氧化过程中,氧溶解到合金相中,并在合金相中扩散,合金中较活泼的组元与氧反应,在合金内部生成氧化物颗粒,均匀分布在复合材料中。Al_2O_3 粒子与铜的润湿性很差,用传统方法制备较难,采用内氧化工艺制备不仅可得到细小弥散分布的 Al_2O_3 粒子,而且生成的 Al_2O_3 粒子还有较高的热力学稳定性,因此制得的 Al_2O_3/Cu 基复合材料性能优于其他方法制备的同类材料,是目前规模化生产的 Al_2O_3/Cu 基复合材料的最佳方法。国内外已有多家企业和科研单位开展了内氧化工艺生产 Al_2O_3/Cu 基复合材料的研究,其中美国、日本等的技术已成熟,并进入实用化、市场化生产。表 7-2 列出美国 SCM 公司用内氧化法生产的系列 Al_2O_3/Cu 基复合材料性能,可以看出,这些铜基复合材料同时具备高硬度、高导电率和热导率。

表 7-2 美国 SCM 公司用内氧化法生产的系列 Al_2O_3/Cu 基复合材料性能[6]

牌号	w(Al_2O_3)/%	硬度	导电率/%IACS	熔点/℃	软化温度/℃	热导率/($W·m^{-1}·K^{-1}$)
C15715	0.3	76HRB	92	1083	930	—
C15760	1.1	83HRB	77	1083	930	—
Al-10	0.2	—	92	1082	—	359.82

7.2.3 颗粒增强铜基复合材料的后续加工技术

颗粒增强铜基复合材料有着优异的综合力学性能和物理性能,但目前产业化推广还存在两个主要的阻碍:一是上节所说的制备过程工艺复杂,技术参数难以控制,制造成本较高;二是材料的后续加工(机械加工、焊接等方面)有一定难度。对于铜基复合材料机械加工性能方面的研究国内外开展的时间都不长,另外国外对颗粒增强铜基复合材料等金属基复合材料的加工技术有一定的封锁。目前,我国对颗粒增强铜基复合材料零件通常采用一次成形技术得到,但一次成形技术制备零件毕竟有一定局限性，因此未来对铜基复合材料后续加工领域的研究非常有必要。以下对颗粒增强铜基复合材料的可锻性、热挤压致密化、精密成形、冷加工以及连接技术方面的研究现状进行分析。

7.2.3.1 可锻性

颗粒增强铜基复合材料的可锻性研究目的是为了制取高密度、大断面尺寸、高温性能优异的产品[7]。早在20世纪80年代初，日本和奥地利的公司与研究机构就进行了合作研究，但至今尚未见到实际的成果和相关产品。国内粉末冶金锻造技术基本上处于初、中级阶段，以颗粒增强铜基复合粉体的锻造至今国内开展很少。颗粒增强铜基复合材料中的增强相一般具有高的化学稳定性、高熔点及高硬度，使整体基体材料的延展性降低，从而在形变加工中在拉应力下呈脆性，具有极低的塑性。也就是说，颗粒增强铜预成形坯在锻造过程中材料的塑性变形程度不充分，材料致密化难以实现。因此，颗粒增强铜基复合材料的可锻性研究关键性问题是如何使该材料的预成形坯在锻造过程中有合适的塑性变形，实现不开裂而达到致密化。颗粒增强铜基复合材料的可锻性与预成形坯的相对密度、锻造能量，预成形坯变形时的应力状态，预成形坯的高径比有直接关系。

7.2.3.2 热挤压致密化和精密成形技术

颗粒增强铜基复合材料中增强相熔点高，在铜基体中的扩散速率小，且具有极高的自由能，不易分解，因此很难制备出具有较好烧结性、浸润性的完全致密的材料，总含有一定体积分数的孔隙。当铜基复合材料经过合适的塑性变形（热挤压、冷拉拔或冷轧），能够改善材料的组织均匀性，促使基体晶粒破碎和增强相分布趋于均匀，同时也可焊合颗粒间的孔隙，提高密度，性能可得到不同程度的提高。在保证复合材料无明显再结晶的高温挤压条件下，复合材料中晶粒拉长，改善了增强相的分布，使组织更加均匀，物理、力学性能得到改善[8]。

精密成形技术是指零件成形后，仅需少量加工或不再加工（近净成形技术或近成形技术）就可用作机械构件的一种成形技术，它使得成形的机械零件具有精确的外形、高的尺寸精度和形位精度、好的表面粗糙度。精密成形技术具有以下特点：可方便快捷地制出过去很难制出的结构件，并具有对市场要求作出迅速响应的能力；较理想地保留材料的连续结构，且尺寸及形位精度高，为后续采取高效率、高精度加工提供了理想的毛坯；高效率、低消耗、低成本，且较传统成形产品改善了生产条件，减少了对环境的污染。因此，精密成形技术将成为今后推广应用的重要绿色制造技术，是新工艺、新材料、新装备及各项新技术成果的综合集成技术。

7.2.3.3　冷加工技术

颗粒增强铜基复合材料在加工过程中存在的典型问题是：因其高硬度的增强相，与磨料一样又硬又难磨，所以加工困难，刀具磨损严重，在自由方向的切削或精加工困难。目前，适用于颗粒增强铜基复合材料二次加工的新工艺有水切割、钻孔、车削和磨削[9-13]。

颗粒增强铜基复合材料的切割、修剪一般可通过磨粒水切割或高压水切割来实现。加工时重要的过程参数包括水压、喷嘴口直径、喷嘴材料、进给速率、铜基复合材料的种类及厚度等。试验表明，随着切割速率的提高，表面粗糙度增大，可通过控制水压、喷嘴直径、磨粒粒度等提高表面质量。钻孔常用的钻头材料是高速钢或硬质合金，但对于加工铜基复合材料来说耐用度很低，因此应使用聚晶金刚石纹理钻头，其使用寿命比硬质合金钢高出1500倍。采用白刚玉或金刚石砂轮，以通常的磨削条件在普通磨床磨削加工颗粒增强铜基复合材料是可能的。磨削时，粗磨与精磨需分开，粗磨时用普通砂轮充分注液，反复进行砂轮修整；精磨时用金刚石砂轮进行比较轻的磨削，减少颗粒的脱落。车削加工最大的难点是刀具磨损极快，要解决刀具磨损问题，最根本的方法是采用超硬刀具，如立方氮化硼、聚晶金刚石或单晶金刚石车刀。挪威的 Tomac 和 Tonnessen 等[11]研究了颗粒增强金属基复合材料切削性能。结果表明，增强颗粒的高硬度是造成刀具磨损的重要原因，可用聚晶金刚石或硬质合金刀具加工，但不能采用硬质合金刀具进行精加工。车削复合材料目前还有许多问题亟待解决，如切削机理、表面层质量、残余应力等。

7.2.3.4 颗粒增强铜基复合材料连接技术

颗粒增强铜基复合材料价格较高，在许多场合要求工作部位等关键之处采用铜基复合材料，而其他部分则可采用其他价格相对较低或可实现其他功能的材料。偏滤器是构成高温等离子体与材料直接接触的过渡区域，承受严酷的热疲劳，要求具有高熔点、超高的导热性能和长的耐腐蚀寿命；是现代磁约束核聚变堆实验装置中一个非常重要的面向等离子体部件。钨是稀有高熔点金属，化学性质比较稳定，具有高导热性、高溅射阈值和低的氚滞留，被认为是最适合的面壁材料，而铜基复合材料由于具有高导热性，可以作为面壁材料后的热沉材料，用来持续传递热量防止钨材料的熔化。但是，钨与铜既不能互溶，又不能形成金属间化合物，难以直接扩散焊连接，因此一般要采用添加中间层的扩散焊，获得优良性能的接头要解决的关键问题是两者的界面冶金相容性和缓解残余应力。对于此类难以直接扩散焊连接的体系，一般先在 W 等材料表面离子溅射或喷涂一薄层 Cu，或与 W 或 Cu 都有一定固溶度的 Ti、Ni，然后对覆 Cu（或 Ti、Ni）的 W 与铜基复合材料进行连接[14]。

7.2.4 颗粒增强铜基复合材料的应用

颗粒增强铜基复合材料不仅强度高，导电、导热性与纯铜接近，且具有良好的抗高温软化、抗电弧侵蚀、抗磨损能力。颗粒增强铜基复合材料在以下方面已进入研发或初始及中试阶段[15,16]：

（1）代替银基触头材料。近年来，各类开关所用银基触头材料猛增，造成对银的大量需求，采用颗粒增强铜基复合材料做触点材料，在直流马达开关中的寿命达 20 万～30 万次，是 $AgCdO_{15}$ 的 2～3 倍，是 $AgCu_{20}$ 材料的 10 倍。

（2）做导电弹性材料和集成电路引线框架材料。Al_2O_3/Cu 基复合材料随温度的升高，强度、硬度下降很少，当温度大于 250℃时，其强度就超过了 Cu-Be 合金。在半导体集成电路中可做引线框架材料。

（3）用于微波管结构、导电及电焊电极材料。用 Al_2O_3/Cu 基复合材料制造焊接喷嘴，寿命为 Cu-Zr 喷嘴的 7～15 倍。

（4）连续铸钢结晶器。当前广泛使用的结晶器一般用紫铜或 Cu-Ag、Cu-Cr-Zr 合金制造。紫铜导热性好，但其他性能差，加入合金元素后能使强度提高，但软化温度一般不高。颗粒增强铜基复合材料具有和铜相近的导电、导热性，在 400℃ 以上有极好的高温强度，软化温度可达到 800～900℃，是理想的结晶器材质换代材料。

（5）高强度电力线。大型电气机车的架空导线、大型高速涡轮发电机的转子需要高强度、高导电性的电力线。目前国内电车、地铁及电力火车架空导线大多使用绿线，换线频繁，用冷拔铜线则会因自然时效和大电流引起强度严重降低，而铜－钢复合线存在导电率低和电化学腐蚀问题，颗粒增强铜基复合材料优良的综合性能可弥补这些缺点。

（6）电阻焊电极。电阻焊是指利用电流通过焊件及接触处产生的电阻热作为热源将工件局部加热，同时加压进行焊接的方法，而电阻焊电极是电阻焊过程中的关键材料，作用是对被焊接件提供电流和压力。根据焊接工艺要求，电极上电流与压力跨度大，且还要承受高温及电弧烧蚀，工作条件十分严酷。目前国内广泛使用的电阻焊电极材料是进口的含镉含铍铜合金，价格昂贵。颗粒增强铜基复合材料制造的电阻焊电极性能优于现有材料，使用寿命可提高 5 倍。

Al_2O_3/Cu 基复合材料是应用最为广泛的颗粒增强铜基复合材料之一，不仅强度高，导电、导热性与纯铜接近，而且有良好的抗高温软化、抗电弧侵蚀、抗磨损能力；除了满足以上应用方面外，也是制造电气开关触头、集成线路引线框和焊炬喷嘴等产品的优良材料[17,18]。

TiB_2/Cu 基复合材料具有良好的导电性能，目前主要应用于电焊电极、电触头、滑动触头及其他一些电力元件[19]。TiB_2/Cu 基复合材料电极点焊镀锌钢板时的寿命是 Cu-Cr-Zr 合金制造的电极寿命的 4～8 倍，平均焊点达到7700点。虽然TiB$_2$/Cu基复合材料电极成本高，但寿命长，在使用过程中降低了更换时间，可提高综合经济效益。

WC/Cu基复合材料具有高强度、高硬度、高导电性和优异的热稳定性，在电阻焊电极、IC引线框架等方面有着广阔的应用前景[20,21]。WC/Cu基复合材料的制备方法主要采用常规的粉末冶金固相烧结和高能球磨机械合金化。研究表明，随WC的增加，复合材料硬度提高，电导率降低。当WC的体积分数低于1%时，电导率接近纯铜，但硬度较低；当WC的体积分数达到1%以上时，硬度变化不大，电导率明显降低。所以，复合材料中WC的体积分数应控制在1%～4%[22]。

金刚石/Cu基复合材料近年来国内外均有报道，制成的复合材料高强度、高导电导热性和高温稳定性好。金刚石含量对复合材料硬度和导电率皆有不同程度的影响。当金刚石粉体积分数为2%时，复合材料硬度较纯铜提高50%，但硬度随含量增加到一定程度后上升趋势会变缓并有所下降，这是由于含量过多易团聚造成的[23]。随着金刚石含量增加，复合材料导电率降低[24]。作为电子信息材料，导电率应大于80% IACS，因此金刚石含量必须严格限定。

石墨/Cu基复合材料是在Cu中引入了细小弥散分布的增强相石墨粒子的铜基复合材料。石墨粒子具有良好的自润滑性、高熔点、抗熔焊性好和耐电弧烧蚀能力好，使复合材料在保持铜基体优异的导电、导热性能的同时还具有良好的润滑和抗熔焊性能[25]。石墨/Cu基复合材料在摩擦材料、含油轴承、电接触材料、发动机集成环、电枢和转子、导电材料和机械零件材料等领域发挥重要作用，作为受电弓滑板材料和电刷材料有着广泛的应用前景。我国对石墨/Cu基复合材料的研究起步较晚，从20世纪90年代初才有报道，但目前仍处于初试阶段。石墨/Cu基复合材料制作工艺有粉末冶金法、电沉积法及金属浸渍法等，但成本较高，且C和Cu的不润湿性限制了复合材料致密度和性能提高[26,27]。为了获得良好综合性能和针对特殊应用的性能，减低成本，其添加物、界面粘结剂的成分和含量还有很大的研究空间，随着研究的深入，石墨/Cu 基复合材料将在电气化铁路、汽车、通信等方面得到更加广泛的应用。

Ti_3SiC_2/Cu 基复合材料作为新型的导电减摩材料可用来制备新型电力机车受力弓板[28]。Ti_3SiC_2 是新型的结构陶瓷材料，兼具了金属的导电、导热和易加工，以及陶瓷的轻质、抗氧化、耐高温等优异性能，常温电导率比石墨大近两个数量级，抗氧化能力远高于石墨，且热膨胀系数与 Cu 相近，被认为能取代石墨作为电摩擦材料。Ti_3SiC_2/Cu 基复合材料一般采用烧结制备，Ti_3SiC_2 与 Cu 润湿性不理想，需对 Ti_3SiC_2 进行表面镀 Cu 处理。

7.3 技术壁垒分析

根据铜基复合材料制备技术领域组成，主要为喷射沉积、粉末冶金、原位自生反应，铜基复合材料产业的技术壁垒要素及其可能形成的原因如表7-3所示。

铜基复合材料存在增强相的选择及界面问题。向铜基体中引入第二相是为了提高某一方面的性能，但引入的第二相又往往会降低其他方面的性能。因此，力求所引入的增强相，既能提高铜基复合材料的某些性能，如强度、硬度、耐磨性等，又不显著降低铜基体本身的特性，尤其是导电性、导热性，同时兼顾增强相的添加效果和添加方式是铜基复合材料设计时需要综合考虑的首要问题。此外，影响铜基复合材料行为的关键因素之一是增强相与铜基体之间的界面结构，如何改善和提高铜基体与增强相之间的浸润性，有效控制界面反应，形成最佳界面结构，是影响铜基复合材料制备和应用的关键问题。另外，粉末冶金是制备铜基复合材料的常用技术，然而铜基坯体烧结时容易出现反致密化行为（烧氢膨胀），影响了铜基复合材料的性能。因此，如何选择合适的烧结方式，并通过控制工艺参数提高致密度，是粉末冶金铜基复合材料亟待解决的难题。

表7-3 铜基复合材料技术壁垒要素及其形成原因和解决方案

技术壁垒要素	判断值	可能原因分析	可能解决方案
喷射沉积			
工艺控制与制备装备问题	10	喷射设备尺寸受限	引进大尺寸设备
喷射沉积制品的致密度低	9.42	喷射粉坯无压制过程，易形成气孔；工艺参数调控缺乏	通过后续加工改善；粉坯进行二次塑性加工致密
复杂构件制备困难	9.19	粉末在喷射过程均匀分散控制性差	优化喷射工艺，优选喷射压力、送粉速度等
粉末冶金			
大尺寸构件制备困难	9.10	设备尺寸受限；工艺技术不成熟	采用大尺寸冷热等静压设备，采用后续加工；粉浆铸造，粉体锻造
复合材料制品致密度低	9.04	设备压制能力有限，烧结动力不足；基体与增强体润湿性研究不深入	采用高压设备，如热等静压方法、活化陶瓷颗粒，改善烧结工艺和增加后续加工改善；合理的合金元素或助烧剂的选择，增强体表面改性
原位自生反应			
增强相尺寸、形貌及分布难以控制	9.62	反应过程较难控制，无法实时直观控制	合金设计、工艺参数调控、装备设计相结合，优化工艺参数，统计分析组织形貌与工艺关系
增强相等体积参数受限	9.37	工艺控制不稳定，与组织关系研究不深入	改善设备工艺控制精度，结合热力学模拟分析，建立相关关系
增强体材料种类受限	8.38	原位自生增强相相关研究分散；增强相原位反应机制理论尚不深入	加深机制理论研究，引入体系热力学和动力学模拟，建立数据库；多相反应过程综合利用

颗粒增强铜基复合材料由于弥散粒子的钉扎作用，通常需要借助锻造、热挤压、冷拉拔或冷轧等变形加工方法进一步焊合颗粒之间的孔隙，实现致密化，导致制造成本十分昂贵，尤其是电工电子行业和汽车等行业用的弥散铜基复合材料更为明显。因此，如何降低铜基复合材料的制造成本，是一个迫切需要解决的问题。除制备成本问题，铜基复合材料还存在性能优化与产业化生产问题。国内生产的部分铜基复合材料（如用作摩擦材料）性能优异，已实现产业化生产。但部分材料（如用作电工材料）仍存在性能不稳定、性能比国外同类产品低的问题，目前该类产品仍以国外进口产品为主。因此，进一步提升国内铜基复合材料的性能，保证产品批次的稳定性，是实现高性能铜基复合材料国产化一个迫切需要解决的问题。

7.4 研发需求分析

专家对铜基复合材料研发需求项目进行了研讨和分值判定，其统计后的等级划分和排序（顶级★、高级▲、中级●）如表7-4所示，结果确定了顶级研发项目1项（>8.75分），高级研发项目4项（8~8.75分），中级研发项目1项（7~8分）。

表7-4 广东省铜基复合材料研发项目指南

编号	研发项目	优先级	专家判定值	排序
1	高速列车刹车片用耐磨铜基复合材料开发及粉末冶金制备技术研究	顶级★	10	1
2	新一代大功率高压开关触头铜基复合材料制备技术及应用	高级▲	8.44	2
3	高强高导氧化铝弥散强化铜基复合材料的研发及产业化	高级▲	8.34	3
4	高效能航空发动机用自润滑铜基复合材料开发	高级▲	8.00	4
5	高导热性铜基复合材料的开发及应用研究	高级▲	8.00	4
6	风力发电机组用高耐磨性铜基复合材料开发与产业化	中级●	7.71	6

通过头脑风暴法研讨并最终经过专家评定，铜基复合材料的研发需求项目时间节点排序如表7-5所示，近期（<3年）可完成的研发项目有3项，其中顶级项目1项，高级项目2项；中期（3～10年）可完成的研发项目有3项，其中高级项目2项，中级项目1项；无远期（>10年）需完成项目。

表7-5 铜基复合材料研发项目实施的时间节点

时间节点	研发项目	优先级
近期 （<3年）	高速列车刹车片用耐磨铜基复合材料开发及粉末冶金制备技术研究	顶级★
	新一代大功率高压开关触头铜基复合材料制备技术及应用	高级▲
	高强高导氧化铝弥散强化铜基复合材料的研发及产业化	高级▲
中期 （3～10年）	高效能航空发动机用自润滑铜基复合材料开发	高级▲
	高导热性铜基复合材料的开发及应用研究	高级▲
	风力发电机组用高耐磨性铜基复合材料开发与产业化	中级●

7.5 研发项目描述

对铜基复合材料研发需求项目的风险性进行分析，通过各方专家研讨综合评分，确定各研发项目的风险性（高、中、低）。统计专家对确定的铜基复合材料研发需求项目调查问卷，结果（表7-6）表明，绝大部分的铜基复合材料研发需求项目风险性为中等，唯一的顶级研发项目为低风险性。

对铜基复合材料研发需求项目进行研发组织主体分析和技术发展模式分析。专家确定的铜基复合材料研发需求项目研发组织主体分析如表7-7所示。调查问卷统计结果显示：铜基复合材料研发需求项目研发主体为产学研，绝大部分需要产业和企业主导，政府起一定的引导作用；有1项高级研发项目（高效能航空发动机用自润滑铜基复合材料开发）需企业、产业和政府三者共同联合完成。

表 7-6 铜基复合材料研发项目实施的风险性

优先级	研发项目	风险等级
顶级★	高速列车刹车片用耐磨铜基复合材料开发及粉末冶金制备技术研究	低风险
高级▲	新一代大功率高压开关触头铜基复合材料制备技术及应用	中等风险
高级▲	高强高导氧化铝弥散强化铜基复合材料的研发及产业化	
高级▲	高效能航空发动机用自润滑铜基复合材料开发	
高级▲	高导热性铜基复合材料的开发及应用研究	
中级●	风力发电机组用高耐磨性铜基复合材料开发与产业化	

表 7-7 铜基复合材料研发项目研发组织主体分析

优先级	研发项目	企业	产业	政府	研发主体
顶级★	高速列车刹车片用耐磨铜基复合材料开发及粉末冶金制备技术研究	52%	36%	12%	产学研 产业、企业主导
高级▲	新一代大功率高压开关触头铜基复合材料制备技术及应用	52%	36%	12%	产学研 产业、企业主导
高级▲	高强高导氧化铝弥散强化铜基复合材料的研发及产业化	52%	36%	12%	产学研 产业、企业主导
高级▲	高效能航空发动机用自润滑铜基复合材料开发	24%	40%	36%	产学研 三者共同主导
高级▲	高导热性铜基复合材料的开发及应用研究	44%	44%	12%	产学研 产业、企业主导
中级●	风力发电机组用高耐磨性铜基复合材料开发与产业化	48%	44%	8%	产学研 产业、企业主导

整理统计专家对铜基复合材料技术发展模式意见的调查问卷，结果如图 7-1 所示，绝大部分研发项目是国内技术合作的技术发展模式，有 1 项高级研发项目（高强高导氧化铝弥散强化铜基复合材料的研发及产业化）可由自主研发完成。

7 铜基复合材料

技术发展模式 \ 时间	近期（<3年）	中期（3~10年）
自主研发	▲高强高导氧化铝弥散强化铜基复合材料的研发及产业化	无
技术引进	无	无
技术合作	★高速列车刹车片用耐磨铜基复合材料开发及粉末冶金制备技术研究 ▲新一代大功率高压开关触头铜基复合材料制备技术及应用	▲高效能航空发动机用自润滑铜基复合材料开发 ▲高导热性铜基复合材料的开发及应用研究 ●风力发电机组用高耐磨性铜基复合材料开发与产业化

图 7-1 铜基复合材料研发项目技术发展模式分析

广东省铜基复合材料应用的关注点在导热与耐摩擦磨损领域方向，目前大规模产业化难度较大，未来10年需以国内技术合作的发展模式为主，注重产业与企业联合开发。

参考文献

[1] 美国金属学会. 性能与选择：有色金属及纯金属 [M] //美国金属手册. 北京：机械工业出版社，1994.

[2] 孟飞，裴燕斌，果世驹. 高强高导弥散强化铜材料增强相的选择 [J]. 电工材料，2005，2：16-19.

[3] Groza J R, Gibeling J C. Principles of particle selection for dispersion-strengthened copper [J]. Materials Science and Engineering A, 1993, 171: 115-125.

[4] 刘德宝，崔春翔. 颗粒种类及制备工艺对铜基材料性能影响 [J]. 材料科学与工艺，2005，13（4）：347-352.

[5] Guo M X, Wang M P, Shen K. Tensile fracture behavior characterization of disper-

sion strengthened copper alloys [J]. Journal of Alloys and Compounds, 2009, 469: 488-498.

[6] 李红霞. Al_2O_3 弥散强化铜内氧化动力学及其再结晶研究 [D]. 洛阳: 河南科技大学, 2005.

[7] 彭茂公, 亢若谷, 王云坤. 高强高导弥散强化铜材料可锻性研究 [J]. 兵器材料科学与工程, 2003, 26: 23-28.

[8] 董志中, 刘文西, 李玉桐, 等. Cu-0.62Al_2O_3 复合材料的致密化 [J]. 热固性树脂, 1999, 4: 77-79.

[9] Cornie J A, Chuiang Y M, Uhlmann D R. Processing of metal and ceramic matrix composite [J]. American Ceramic Society Bulletin, 1986, 65: 293-304.

[10] Ray S. Synthesis of cast metal matrix particulate composites [J]. Journal of Materials Science, 1993, 38: 5397-5413.

[11] Tomac N, Tonnessen K. Machinability of particulate aluminum matrix composites [J]. Annals of the CIRP, 1992, 41: 55-58.

[12] 玉瑾. 氧化铝增强铜基复合材料线切割加工研究 [J]. 重庆工学院学报, 2006, 20: 63-65.

[13] 于思荣, 何镇明, 陈凯. ZA22/Al_2O_3 复合材料切削加工表面质量的研究 [J]. 复合材料学报, 1996, 13: 60-64.

[14] 范景莲, 杨树忠, 刘涛, 等. W-Cu 复合材料与 Cu 的扩散连接工艺 [J]. 粉末冶金材料科学与工程, 2015, 20 (2): 182-186.

[15] Nadkarni A V. Dispersion strengthened copper properties and applications [M]. Warrendale: Metallurgical Society of AIME, 1984.

[16] Groza J R, Goibeling J C. Principles of particle selection for dispersion-strengthened copper [J]. Materials Science and Engineering A, 1993, 171: 115-125.

[17] 徐磊. 新型真空内氧化工艺制备 Cu-Al_2O_3 复合材料及其组织与性能研究 [D]. 西安: 西安理工大学, 2002.

[18] 于艳梅, 李华伦, 张先锋, 等. 内氧化法制备 Al_2O_3-Cu 复合材料的反应动力学分析 [J]. 西北工业大学学报, 2000, 18: 661-664.

[19] 董仕节. 点焊电极用 TiB_2 增强铜基复合材料的研究 [D]. 西安: 西安交通大

学,1999.

[20] 冯江. WC/Cu-Al$_2$O$_3$ 触头材料的组织与性能的研究 [D]. 洛阳: 河南科技大学, 2012.

[21] 谭国龙, 吴希俊, 王彦起, 等. 纳米 WC 硬质合金的制备, 结构和力学性能 [J]. 材料科学与工程, 1998, 61: 8–12.

[22] 张立勇, 王孟君, 刘心宇, 等. WC 含量对弥散强化铜 Cu-WC 组织与性能影响的研究 [J]. 稀有金属, 2003, 27 (1): 108–111.

[23] 乔志军, 李家俊, 赵乃勤, 等. 超细金刚石粉弥散强化铜基复合材料的研究 [C]. 2005 年国际材料科学与工程学术研讨会文集, 2005: 802–805.

[24] Yoshida K, Morigami H. Thermal properties of diamond/copper composite material [J]. Microelectronics Reliability, 2004, 44 (2): 303–308.

[25] Orumwense F F O, Okorie B A, Okeakpu E O, et al. Sintered copper-graphite powder compacts for industrial applications [J]. Powder Metallurgy, 2001, 44 (1): 62–66.

[26] 许少凡, 李政, 王文芳, 等. 镀铜-石墨粉含量对铜-镀铜石墨复合材料组织与性能的影响 [J]. 热加工工艺, 2003, 1: 18–20.

[27] 袁青, 李兵虎, 张文俊, 等. 铜-石墨复合材料改性研究进展 [J]. 材料导报, 2004, 18 (11): 47–49.

[28] 张鹏. Cu-Ti$_3$SiC$_2$ 复合材料的电弧侵蚀行为研究 [D]. 广州: 华南理工大学, 2014.

8 钛基复合材料

8.1 概述

钛是地壳中含量十分丰富的元素，储量约为 34 亿吨，在金属元素中占第四位。钛及钛合金具有高的耐蚀性、优良的耐热性和可焊、超导、无磁等特性，特别是其比强度，在已有金属材料中几乎是最高的，是优质轻型金属结构材料和重要的功能材料。世界上许多国家都对钛进行了研究开发，并致力于推广应用。钛不仅应用于航空航天领域，也越来越多地应用于石油化工、冶金、轻纺、电力、汽车制造等领域。但随着现代航空航天、石油化工、医药、食品的发展，原来的钛合金在某些方面已经不能满足需求[1]。钛基复合材料具有优良的比强度、比刚度、耐磨和高温抗蠕变能力以及低密度、高比模量等特点[2,3]，引起人们广泛关注，并进行了诸多研究，解决了如制备工艺与加工成形、增强体尺寸与分布调控、组织演变与形变机制等技术难题[4,5]，已在航空航天、军事、能源环境、交通运输、体育用品等领域得到广泛应用[6]。钛基复合材料的研究始于 20 世纪 70 年代，而在 80 年代中期，以美国航天飞机（NASP）和整体高性能涡轮发动机技术（IHPTET）的发展为代表，以及欧洲、日本等的不断研究，给先进新型钛基复合材料的发展带来良好机遇及所必需的资金支持，从而大大加快了钛基复合材料发展，并使之成为 20 世纪材料科学研究领域的技术热点[2]。

钛基复合材料是以钛或钛合金为基体，颗粒、晶须、纤维等为增强相而组成的金属基复合材料，克服了钛合金在 600℃ 以上服役过程中的高温抗氧化性能和蠕变抗力急剧下降的问题，在航空航天、高档汽车等领域具有广阔的应用前景。荷兰皇家空军将纤维增强钛基复合材料应用于 F-16

战斗机主起落架下部的后撑杆，减轻了起落架近一半的重量；日本Toyota公司使用钛基复合材料制造汽车阀门，降低发动机和阀门重量的同时，也提高了阀门的使用寿命；美国MTU公司使用钛基复合材料制备压气机叶环构件，改善了叶环构件的耐磨性；中国西北有色金属研究院使用钛基复合材料制成航空发动机叶片，提高了叶片的工作温度。国内西北有色金属研究院、上海交通大学等已对钛基复合材料进行了多年的研制，制成的材料在汽车、体育、能源等方面获得验证，展示了其良好的研制结果。虽然我国的钛资源十分丰富，同时对钛基复合材料已经开展了一些基础性和应用性的研究，但总体上看，与国外相比还存在一定的差距，还需要进一步的提升与进步。

钛基复合材料主要分为连续纤维增强钛基复合材料和非连续增强钛基复合材料两类。早期的研究更多地集中在连续纤维增强材料上，应用领域以航空航天领域为主。主要的增强纤维包括 B、C、SiC、Al_2O_3 等，在开发具有优良高性能的纤维增强钛基复合材料时，首选的纤维是 SiC。据报道，含40%体积分数 SiC 纤维的钛基复合材料的比刚度是钛的两倍，拉伸强度也提高近50%，且纤维受温度的影响不大。研究发现，连续纤维钛基复合材料性能优异，具有良好的机械性能和高的比强度，但由于连续纤维制备工艺复杂、价格昂贵、具有各向异性、二次加工困难，连续纤维增强钛基复合材料的应用受到了极大的限制。人们更加关注易于加工、具有各向同性的非连续增强钛基复合材料，近来对非连续增强的钛基复合材料的需求也日益增长。非连续增强钛基复合材料分为晶须、颗粒增强、短纤维增强三类，与连续纤维增强的钛基复合材料相比，具有以下优势：二次加工性能大大提高，生产成本大幅减少，制得的材料性能和结构有良好的可重复性[7,8]。因此，以下重点分析颗粒非连续增强钛基复合材料的技术研究现状。

8.2 技术现状分析

钛基复合材料的机械性能主要依靠基体性能、增强相以及结合界面。

一般而言，在制备过程中，钛基体是直接暴露在气氛中，因此耐氧化及氧的危害不可能通过复合得到改善或改善的幅度较小[9]。所以寻找一种抗氧化钛基体及良好的综合性能的基体材料是材料工作者的目标之一。制备钛基复合材料可以根据需要选择不同的基体和制备工艺。基体的化学成分也强烈地影响着组织、界面反应产物以及复合材料的最终性能[10]。增强相和基体的弱连接可以阻碍疲劳裂纹的扩展，而强连接可提高复合材料的横向性能，因此，对于复合材料的增强相和基体间的界面，应有恰当的界面连接以保证复合材料同时具有较高强度和较高疲劳裂纹阻力的良好综合性能[11]。各国学者近年来对钛基体以及增强相的选择、制备方法以及加工工艺的优化、钛基体与增强体界面研究和力学性能评价做了较多的研究。本部分将从非连续增强钛基复合材料的增强相与基体选择、制备工艺、后续加工技术以及应用出发，分析钛基复合材料的技术现状。

8.2.1 非连续增强钛基复合材料增强体与钛基体的选择

金属基复合材料的性能主要取决于基体、增强体、基体/增强体之间的界面状态以及增强体在基体中的分布特性，而基体/增强体的界面状态又是由所选择的基体和增强体种类所决定的。因此，合理选择基体和增强体是获得高性能非连续钛基复合材料的关键所在。同时，钛基体和增强体的选择要以研发钛基复合材料的目的为依据，进行综合考量。

选择增强体可以是高硬度难熔的碳化物、硼化物、氧化物，也可以是金属间化合物。一般来说，这些硬质相都可以作为增强体的候选物，但由于钛的高活性，这些硬质相在基体中会因扩散、固溶、化合等反应影响复合材料的性能，所以选择是有限的。选择的钛基复合材料的增强体在热力学上必须是稳定的，并能与基体相容。增强体与基体材料的化学稳定性和相容性不只是为使用时所要求，而且也为加工时所要求。缺少相容性会导致增强体和基体的剥离，而增强体缺少稳定性会导致不理想界面产物的形成，从而会导致材料在使用期间失效。

增强相的选择可以是金属间化合物，如 $TiAl$、Ti_3Al、Ti_5Si_3 等以及氧

化物如 Al_2O_3、Zr_2O_3，也可以是高硬度难熔的碳化物、氮化物、硼化物。它们的共同特点是具有良好的化学稳定性，并且熔点高，比强度、比刚度高。通过长期的研究，人们认为对于钛基复合材料目前较为理想的颗粒增强相主要有 SiC、TiC、B_4C、TiB_2、TiB 和 ZrB_2。TiB 和钛及钛合金在热力学上相容，在 α-Ti 和 β-Ti 中有着很好的稳定性，密度与钛合金相近，泊松比相同，热膨胀系数和钛合金相差在 50% 以内，而 TiB 的杨氏弹性模量为 550GPa，是钛的 5 倍，抗拉强度比钛大了许多，因此，很多研究者将 TiB 作为增强体，尤其适合作为 α_2-Ti_3Al 和近 α，$\alpha+\beta$ 钛合金的增强相[12]。由于 TiC 在热力学上与钛及钛合金相容，密度与钛差不多，热膨胀系数差在 50% 以内，泊松比相近，而 TiC 的杨氏弹性模量为 440GPa，是钛的 4 倍，抗拉强度比钛大了很多，因此大多最近的研究都用 TiC 作为增强体[13]。但 CermeTi 系列复合材料不适合添加 SiC，因为 SiC 加入后在正常烧结温度下会部分溶解于基体，变成玻璃一样的脆性材料降低基体的性能[14]。稀土元素作为制备钛基复合材料的添加元素得到越来越多的关注。这是因为稀土元素特别是其中的铈元素与氧、锡等元素的亲和力比较强，在熔炼过程中生成以铈为主的复杂结构的铈、锡和氧的化合物颗粒（称之为铈氧化物颗粒），这种颗粒在高温条件下具有良好的稳定性，通过合理的热处理后使强度、塑性、热稳定性和高温力学性能之间达到最佳配合从而极大地改善复合材料的性能[15]。

非连续增强钛基复合材料基体钛合金成分的选择对于保持增强体与基体间界面的稳定性和复合材料的力学性能和加工性能的优化至关重要。基体材料的选择依照使用性能和加工方法来决定。作为用量最大、综合性能较好的 Ti-6Al-4V 合金广泛用作研究颗粒增强钛基复合材料的基体合金。工业纯钛和 Ti-32Mo 等耐蚀合金作为发展既耐磨又耐蚀的钛基复合材料的基体材料。航空结构材料，依据高温强度及抗蠕变性能等要求，常选用近 α，$\alpha+\beta$ 型合金，α_2 型的 Ti_3Al 基合金，Y 型的 TiAl 基合金作为基体材料。

在金属基复合材料传统制备过程中，通常追求增强相在基体中均匀分布。然而，越来越多的研究表明[16,17]，增强相均匀分布的非连续金属基复合材料虽然较基体本身的性能优异，然而却很难达到理想效果，且塑性水平急剧下降。自20世纪90年代开始，科研工作者有意识地制备增强相呈微观不均匀但宏观有规律分布的组织结构。美国、英国、德国、澳大利亚、加拿大、新加坡等及国内的上海交通大学、哈尔滨工业大学、西安交通大学、中科院金属研究所、南昌大学等单位相继开展了大量的研究，设计增强相呈非均匀状态分布的钛基复合材料，以改善目前钛基复合材料的性能缺陷。哈尔滨工业大学黄陆军教授于2008年首次设计并成功制备出一种增强相呈准连续网状分布的钛基复合材料，表现出更高的塑性，以及更高的室温与高温增强效果，可解决钛基复合材料室温脆性大、增强效果低的瓶颈问题[18,19]。调控网状结构参数（局部与整体增强相含量、网状尺寸）可获得不同性能特点（高强度、高塑性、高强韧性、高耐热性）。

8.2.2 非连续增强钛基复合材料的制备技术

非连续钛基复合材料的制备方法按增强体生成方式可分为外加法和原位自生反应法[20]。与传统的增强体外加法相比，增强体原位合成制备的非连续钛基复合材料具有明显的优势，主要体现在[21]：增强体与基体界面结合强度高，无界面产物；增强体与基体具有良好的化学相容性，高温条件下服役性能稳定；获得的复合材料具有较高的力学性能；制备工艺简单，生产成本低。因此原位合成技术是制备非连续增强钛基复合材料的最佳选择。原位合成制备方法有很多种，而研究较多、发展较快的方法主要包括熔铸法、自蔓延高温合成法、放热扩散法、机械合金化法、放电等离子烧结法、快速凝固法以及反应热压法。不同的制备方法各有其优缺点，下面就以上提到的几种制备方法进行简单的介绍。

熔铸法是将所需的反应物和基体钛或海绵钛或钛合金一起进行熔炼，在熔融状态下通过化学反应原位生成增强体。此方法具有工艺简单、经济以及易于制备复杂零件等优点[22]。另外在熔铸法的基础上，结合燃烧合成技术，人们开发了一种新的原位合成钛基复合材料的方法，即燃烧辅助-熔铸法。该方法是将一定化学计量比的反应物粉末均匀混合并熔化，在熔化过程中通过反应物之间的放热反应生成增强体颗粒。然而，由于熔铸法制备的复合材料组织粗大，增强体在基体中的分布状态难以控制，且容易产生气孔以及生成中空的增强相晶须，致使制备出的复合材料力学性能不够理想，必须进行二次加工和后续的热处理来提高复合材料的性能，这也限制了其进一步发展[23]。

自蔓延高温合成法又称为燃烧合成法，是利用反应物之间发生化学反应释放出高的热量而使反应持续进行，进而生成所需复合材料[24]。该方法制备钛基复合材料的优点是生产过程简单、节约能量、反应速度快及合成的物质纯度高，但采用此技术制备出的复合材料内部往往存在大量的孔隙，其致密度仅为理论密度的50%左右，一般均需要进行后续的热变形处理使之实现致密化[20]。

放热扩散法是将生成增强体的两种粉末及基体粉末混合，在高于基体熔点而低于增强体熔点的温度下，通过两种粉末之间的放热反应而获得所需的增强体，增强体体积分数范围在20%~75%之间[25]。该方法具有生产成本低、增强体种类多并且体积分数可调控等优点，然而利用此方法所获得的增强体有时存在着化学稳定性和热稳定性较差，并且容易生成粗大颗粒等缺点而导致材料性能降低[26]。

机械合金化法制备钛基复合材料的优点是增强体在基体中分布均匀，颗粒尺寸细小可达到纳米级别，因而可以有效提高钛基复合材料的力学性能。缺点是高能球磨效率低、工艺复杂难于工业化生产、球磨介质和球磨过程中加入的过程控制剂易引起粉末污染，这些不利因素都限制了此方法在制备非连续增强钛基复合材料中的应用[20]。

放电等离子烧结技术是利用脉冲直流电产生等离子体迅速加热石墨磨具内的反应粉末达到烧结的目的。该方法具有升温速度快、烧结时间短、烧结温度低、生产效率高等特点，可获得组织均匀细小且致密度高的复合材料。然而，采用放电等离子烧结技术制备的复合材料尺寸较小、形状简单，生产成本高及存在模具污染等问题，因此通过放电等离子法制备钛基复合材料具有一定的优势，也存在较大的不足[27]。

快速凝固法是在传统熔铸工艺的基础上，与快速凝固技术相结合而形成的一种制备非连续增强钛基复合材料的方法。与普通熔铸法相比，此方法制备的复合材料基体晶粒尺寸与增强体颗粒尺寸细小，可达微米级或纳米级；而且材料内部偏析程度小，从而可以有效提高复合材料的力学性能。由于此方法冷却速度快、形核过冷度大以及生长速率高等特点，可获得其他技术无法制备的新材料。然而，由于冷却速度快，从而使复合材料的组织出现差异致其性能不一致；另外，该制备方法困难、成本较高且制备出的材料难于加工，因此快速凝固技术虽然能获得较高的力学性能指标但难以大规模应用[28]。

反应热压法通过将基体粉末与另一种能和基体粉末发生反应生成所需增强体的粉末均匀混合，然后通过真空除气、压型、热压烧结等工序，使模具内的混合粉末在热压烧结过程中发生化学反应而原位合成非连续增强钛基复合材料。该方法将放热反应和随后的致密化过程合二为一，在一个工序中便可制备致密的钛基复合材料。该方法具有工艺简单、便于操作、生产成本低且可实现近净成形等优点；与熔铸法相比，具有烧结温度低、组织可调控等优势。因此，反应热压法是目前制备原位自生钛基复合材料研究最多、应用前景最被看好的工艺[29]。

8.2.3 非连续增强钛基复合材料的后续加工技术

8.2.3.1 热加工与热处理工艺

非连续增强钛基复合材料的热加工与热处理工艺是根据钛合金基体的热加工与热处理工艺定制的。锻造成形是钛合金主要加工方法之一。钛及钛合金的性能是由合金的组织状态决定的，不同的组织状态与不同的力学性能之间是对应的，而合金的组织状态取决于合金的化学成分、变形工艺和热处理规范。由于钛合金的变形机理比较复杂，钛合金与其他金属及其合金相比较，与锻造工艺相关的特点中最突出的是变形抗力高和化学性质活泼给塑性变形带来的特殊问题。一般来说，钛合金锻造具有以下几个特点：

（1）钛合金导热性差，特别是出炉后表面冷却快，如果操作慢，就会造成很大的内外温度差。这种温度差往往导致开裂现象的产生以及加剧坯料内外变形程度的不均匀性，变形的不均匀又将导致锻件组织及力学性能的不均匀。

（2）钛合金锻件的组织及性能对锻造温度十分敏感，锻造温度范围比较窄，两相钛合金锻造加热温度通常低于 $\alpha+\beta$ 转变温度，α 钛合金通常在 $\alpha+\beta$ 两相区锻造，β 钛合金的始端和终锻温度一般高于 $\alpha+\beta/\beta$ 转变温度。

（3）钛合金的变形抗力对应变速率的变化十分敏感，静态下钛合金的塑性比动态下大两倍。钛合金在锻造过程中，随着变形速率的增加其变形抗力显著增加，表现出了强烈的应变速率敏感性，钛合金的变形抗力随变形速度的增加而增大。

（4）在钛合金的成形温度范围内，其变形行为对周围环境气氛很敏感，特别是对氢元素尤为敏感，当超过了规定的最大允许的含氢量时，延伸率、断面收缩率和冲击值都有较大幅度下降。同时，为减轻氧化污染的程度，高温加热的时间应尽可能短。在其变形过程中，对润滑剂、模具表面状态等条件要求很高。

（5）钛合金的粘性大，流动性差，模锻或者挤压时必须加强润滑，否则容易出现金属倒流和粘膜现象，而且模锻和挤压力也会由于摩擦力的剧增显著增高。另外，在模锤或者锤头回程时，锻件有可能被撕裂，试验表明，不采用润滑剂时，镦粗钛合金的摩擦系数高达 0.5，如采用玻璃润滑剂，摩擦系数降至 0.04～0.06。

目前，对于 $\alpha+\beta$ 型钛合金结构件，尤其是航空用的钛合金结构件，一般仍采用常规锻造，经过多年的研究与实践，已是比较成熟的工艺了，然而常规锻造方法仍存在局部易过热、冷模效应、锻造载荷大等缺点。经过大量的研究和实践总结，我国钛合金锻造工作者提出了高温锻造，包括近 β 锻造和 β 锻造。近 β 锻造是指在合金相变点以下 10～15℃ 进行的锻造。坯料采用近 β 锻造，其变形抗力为常规锻造的 1/3～1/2，从而有效地提高设备的生产能力，改善合金的塑性，降低变形抗力，提高生产率，降低加工成本。但是此类工艺对温度控制过于苛刻，在实际应用中对加工设备以及操作要求极高，难以应用于生产实施。β 锻造是指钛合金从始锻到终锻完全是在 β 相的较高温度下进行的锻造。经 β 锻造的锻件，其室温下塑性降低，但断裂韧性和高温下的性能较好。β 锻造的最大优点是工艺塑性好，变形抗力低，锻锤模锻的生产效率可以提高 20%～30%，同时可以提高锻造设备的使用寿命。采用 β 锻造的工艺时，应仔细控制工艺过程，以免塑性指标下降太多，若控制得当，伸长率只会下降 1%～2%，断面收缩率下降 5%～8%。

钛合金热处理主要包括退火、固溶和时效。根据钛合金的不同类型和不同的退火目的，退火处理又可分为消除应力退火、完全退火（再结晶退火）、双重退火、等温退火、脱氢真空退火等几种形式。根据加热温度的不同，固溶处理又可分为在相变点温度以上进行的 β 固溶处理和在相变点温度以下进行的 $\alpha+\beta$ 固溶处理。对于时效处理，根据时效后获得的强度水平，有峰值时效和过时效（软化时效）之分。

通过热处理可以提高钛基复合材料的综合力学性能。Kampe 等[30]对熔铸法制备的钛基复合材料直接进行了热处理，并对等温锻造后的材料再进行了热处理。锻造后的复合材料进行热处理，得到了全部是等轴状或全部是片层状的基体组织。熔铸法制备的复合材料热处理后，基体组织基本上全部为片层状。而通过热加工工艺与热处理工艺相配合，复合材料可以生成两种不同特征的基体组：等轴状或是片层状，也可以使复合材料的基体组织从等轴状和片层状形态全部转化为等轴状，还可以使基体组织全部转变为均匀的片层状。力学性能实验表明，完全等轴状组织的材料具有最好的塑性，但室温和高温强度最低，蠕变抗力也最小；而完全片层状组织的材料具有很高的室温和高温强度以及断裂韧性，但塑性最差。可见，通过适当的热处理工艺改变复合材料的基体组织，是改变材料力学性能的有效手段。

8.2.3.2 焊接工艺

非连续增强钛基复合材料基体是塑韧性好的钛合金，焊接性良好；增强相则是高强度、高熔点、低密度的短纤维、晶须或颗粒，焊接性很差。钛基复合材料焊接在很大程度上依赖于钛基体的连接，但因增强体和基体之间物理、化学性的巨大差异，使焊接冶金过程变得复杂，焊接工艺参数难以掌握，二者会发生界面反应，产生焊接缺陷。在焊接时，除要解决基体结合外，还涉及基体与增强体的结合，甚至是增强体之间的结合。与钛合金相比，钛基复合材料焊接性较差，对焊接工艺要求比较严苛[31]。

钎焊的焊接温度比较低，基体不熔化，增强体和基体之间难发生界面反应，且通常采用搭接接头的方式，这在绝大多数情况下把复合材料焊接简化成基体本身的焊接，适于复合材料焊接。Craig 等[32]研究了一种用于钛基复合材料连接的快速红外线钎焊工艺法，通过快速的辐射加热焊接母材，可以在较短的时间内完成焊接工作，其接头的显微组织较为均匀，这种焊接法对基体材料力学性能的影响很小，制备的焊接件在650℃大气中使用时稳定性很好，接头的断裂位置均未发生在结合位置[32]。

摩擦焊接是将两个待焊件的接触面进行相对高速旋转而产生焊接所需的热量，同时在一定轴向压力下使接触面发生塑性流变而实现连接的一种固态焊接工艺，焊接时母材不发生熔化，该工艺适合非连续增强钛基复合材料的连接[31]。非连续增强钛基复合材料增强体尺寸小，摩擦焊时钛基体发生塑性流动，增强体可随基体一起发生移动，在焊接过程中一般不会改变增强体分布。而且，焊缝中增强体非常均匀，其体积含量与母材中的含量比较相近，并且摩擦焊时界面上的增强体因剧烈碰撞而破碎，故焊缝中增强体还会变得更细，提高增强效果。

搅拌摩擦焊是在待焊件之间插入一个快速旋转的非耗损搅拌头，然后沿焊件的待焊界面向前运动，利用搅拌头对待焊件进行搅拌和摩擦，将其加热至塑性状态，在高速旋转的搅拌头挤压作用下，处于软化态的焊缝金属环绕搅拌头从前往后运动，通过扩散连接形成致密金属间固相连接，相比于传统工艺，具有高效、低耗、焊接变形小、无污染等特点[33]。

电弧焊是利用电极（焊丝或钨极）与母材金属之间的气体介质中产生强烈且持久的放电现象而产生的电弧热来熔化母材及填充焊丝的过程，在快速高温熔化和冷却中使待焊件连接在一起，是一种应用广泛、适应性很强的方法，设备简单，工艺易控制和已实现自动化，成本低。电弧焊是目前最常用的钛及钛合金焊接连接的方法，能够准确控制和调节输入热量，其焊接效率高，可实现单面焊双面成形控制，易于实现自动化焊接，常用于厚板（＞5mm）焊接。电弧焊可用于钛基复合材料焊接，使用含钛填充料会减少焊缝增强体含量。虽然电弧焊是最为广泛应用的焊接工艺，但对于复合材料的焊接却比其他方法面临更严峻的挑战。原因在于，复合材料在熔焊条件下将发生过多的不良界面反应，以及熔池恶劣的动力学特点，导致接头强度降低，而且，电弧稳定性容易受到增强体的干扰，熔池内部产生激烈化学反应，导致较多气孔等焊接缺陷[34]。

电阻焊加热时间比较短，相对可控性好，有效防止界面反应发生，并且通过施加压力还能有效阻止裂纹和气孔的产生。但增强体的存在使电流与电机压力分布变得复杂，增加了焊接参数选择及焊接质量控制的难度。对于焊接钛基复合材料，熔池中容易造成增强体严重偏聚，导致接头性能下降，应减小熔池尺寸以减轻这种有害现象的出现。

8.2.3.3 切削加工性

钛基复合材料是兼具高强韧与高硬度的难加工材料，在切削加工时，不仅具有钛合金基体原有的加工特点，还有加入增强相后所独有的特点。

（1）弹性模量小，屈强比大。弹性模量较小就意味着切削时材料在切削力作用下抗变形能力差，易引起振动，造成刀具磨损破损。屈强比大易造成工件材料回弹较大,刀具－工件铣触压力较大,刀具后刀面磨损严重。

(2) 导热系数小,摩擦系数大,切削温度高。钛基复合材料的导热系数非常小(为45钢的14%～20%),但摩擦系数很大,又由于刀－屑铣触长度很短,产生的切削热不易被带走,造成刀具在很小区域内切削温度很高,加剧刀具的磨损甚至破损。

(3) 切屑变形系数小,切削稳定性差。这也是钛基复合材料切削时较为明显的特点,切屑变形系数较小,流出时,在刀具表面滑动路程较长;同时锯齿形切屑的产生,易引起切削过程的振动,不仅影响表面质量,而且加剧刀具磨损。

(4) 化学活性高,冷硬现象严重。基体钛合金的化学性质比较活泼,切削温度较高时,钛基复合材料很容易与空气中的氧、氮、氢等发生反应形成硬的外表皮。另一方面,高温下基体钛合金也会与刀具发生各种反应,加剧刀具的磨损。

(5) 比强度和硬度大,切削时刀具磨粒磨损严重。由于高强度、高硬度增强相的加入,钛基复合材料相比于钛合金而言,比强度和硬度有了很大的提高,而且基体中弥散分布着的增强相在切削加工过程中,犹如砂轮的磨粒对刀具不断进行碰撞、刮擦、研磨,使得刀具迅速磨损,从而给机械加工带来很大困难。

近年来,随着制造业的高速发展,切削刀具也得到了极大的推动,为钛基复合材料的加工应用提供了技术上的支持。尽管切削钛基复合材料时,切削力、切削温度高,刀具磨损严重的问题始终存在,但选择合适的刀具材料,对改善其切削加工性、降低加工成本依然具有重要意义,目前人们已经开始尝试使用各种材料刀具对其进行切削加工,主要包括高速钢刀具、硬质合金刀具、立方氮化硼刀具和人造金刚石刀具(PCD刀具)。

高速钢刀具的韧性较好但是红硬性较差,在600℃左右会发生刀具材料软化现象。而钛基复合材料导热系数较小,切削过程往往伴随着很高的切削温度，极易使高速钢软化，失去切削能力。因此，高速钢并不适合应用于钛基复合材料的切削。

硬质合金刀具材料具有价格低廉、强度和硬度高、导热性比较好等优良的综合性能，目前已成为应用最为广泛的刀具，国内外的硬质合金种类繁多，性能也各不相同。大量的研究表明，P类硬质合金刀具因含有Ti，并不适合切削钛基复合材料，因为在切削时的高温高压环境下钛合金基体中的部分元素会和这两种成分发生化学反应，造成刀具的严重磨损。而K类（YG类）硬质合金刀具主要成分为Co和WC等，基本不含Ti，不会与工件材料中的钛合金反应，可用于钛基复合材料的切削加工[35]。一般而言，硬质合金刀具切削钛基复合材料时切削速度都在60m/min以下，速度继续提高，刀具和工件铣触区温度升高，易造成刀具塑性变形，失去切削能力。因此，硬质合金刀具并不适合在较高的切削速度范围内对钛基复合材料进行切削。

立方氮化硼刀具材料是一种在硬度上仅次于金刚石、耐磨性好、导热系数高、稳定性好的优异材料，其良好的综合性能都是加工钛基复合材料时刀具材料所应该具备的。但是刀具材料的脆性较大，在切削过程中容易发生崩刃和破损，此外其价格较昂贵，这些都在一定程度上限制了其在钛基复合材料切削方面的应用[36]。

PCD刀具是由人造金刚石颗粒在高温高压下聚合而成。它具有天然金刚石的优异硬度，可高达8000HV，而且由于其各向同性，耐磨性优异，又克服了天然金刚石的损伤敏感的缺陷，是目前切削钛基复合材料最为理想的刀具材料。

相比于切削加工，磨削加工通过砂轮工作面上众多磨粒的微切削作用实现难加工材料的高效去除，可以解决普通切削加工无法"啃动"难加工材料的问题。虽然磨削加工对于解决钛基复合材料机械加工难题具有重要潜力，但不可否认的是，非连续增强钛基复合材料由于内部增强相与钛合金基材的物理力学性能及机械加工特性差异大，使得其磨削加工表面的微观形貌与单一钛合金基材磨削加工表面相比，其微观形貌差异显著。颗粒增强钛基复合材料磨削加工比单一钛合金材料困难，存在严重的加工表面缺陷。在磨削钛基复合材料时，砂轮磨粒会交替切削钛合金基材和硬脆增强相而去除材料，形成加工表面，并产生较多表面缺陷。这些缺陷主要表现为磨粒在钛合金基材上产生的磨削几何痕迹及钛合金基材的涂覆，而且在增强颗粒的去除过程中，增强颗粒拔出、破碎、压入、颗粒部分或整体被砂轮磨粒推挤形成加工表面沟槽状等。以金刚石或 CBN 超硬砂轮高速磨削为代表的现代磨削技术依靠砂轮表面众多磨粒的共同微切削作用去除材料，已成为一种集高效、优质、低耗于一身的先进制造工艺方法[37]。张电丛等[38]采用陶瓷 CBN 砂轮进行钛合金高速外圆磨削试验，发现磨削温度随着砂轮线速度和切深增大而升高，随着工件进给速度增大而下降变化规律，改善了加工表面质量，提高了加工效率。盛晓敏等[39]采用树脂金刚石砂轮和陶瓷 CBN 砂轮，对 Ti – 6Al – 4V 钛合金进行了砂轮线速度为 150m/s 的超高速磨削试验研究。研究发现，相比于金刚石砂轮，CBN 砂轮更适合高速磨削钛合金。

8.2.4　非连续增强钛基复合材料的应用

20 世纪 80 年代非连续增强钛基复合材料的发展是瞄准下一代先进航空发动机和超高音速宇航飞行器的应用。例如钛铝基复合材料 7% TiB_2/Ti47Al2V 在 600℃ 以上的强度和 750℃ 以上的弹性模量均高于 17-4PH 钢，从而大大改善了导弹机翼的工作温度[40]。

非连续增强钛基复合材料转向民用是近年来另一个重要趋势。美国 Dynamet Technology Inc. 开发的 CermeTi-C-5、CermeTi-C-10 等系列复合材料，成本可与普通钢抗衡，而耐磨性可与工业上的 Stel-letNo.6 耐磨材料相比，已在汽车、军事、生物等领域获得成功应用；用较高体积分数的碳化钛与钛合金粉混合，通过粉末冶金法和热等静压技术生产出钛基复合材料近净成形零件[41]。CermeTi-C-5 及 CermeTi-C-10 较不锈钢减重可达 40%，已经分别在高尔夫球杆及冰刀上成功应用。由于其高耐磨性能，

CermeTi-C-5大大提高了刀具的寿命。CermeTi-C-10作为铝铸模内衬，可以降低润滑剂的使用量，并可以节约能耗，提高铸模寿命。Dynamet公司2002年获得了美国能源部（DOE）200万美元的研发资助，用于该公司的CermeTi在铸模内衬上的应用开发。CermeTi在汽车上也有很广阔的应用前景，已被制成汽车阀门及连杆等，可以使汽车废气排放量减少，油耗量降低，并能减少噪声。钛基复合材料自1998年后在家用汽车领域获得了实际应用，并且市场越来越大，目前用该材料制成的汽车阀门已达50万件。日本丰田汽车公司开发了主要用在跑车上的各种TMCS汽车零部件，同时欧美的汽车生产厂家包括奥迪、宝马、奔驰、沃尔沃、通用及福特汽车公司等正在探索用钛基复合材料来延长发动机气门连杆等部件的使用寿命[42]。

近年来，我国的原位自生TiC颗粒增强钛基复合材料的开发和应用也取得了很大进展，目前产品已获得推广应用的主要有广州有色金属研究院和西北有色金属研究院。广州有色金属研究院所研制的原位生成耐磨耐蚀钛基复合材料已应用到高压均质机关键的过流部件上，并正在医药、精细化工、食品、饮料等行业成功地推广应用[43]。西北有色金属研究院研制的TiC颗粒增强钛基复合材料，在650℃的应用条件下热强性与塑性可以达到很好的配合，制备出最小直径为12mm的棒材，经模锻制成航空发动机叶片[44]。

开发钛基复合材料最主要目的是，进一步提高其强度、弹性模量、耐磨性能、高温强度及高温服役温度。非连续增强钛基复合材料具有优异的综合性能，可以满足航空航天、武器装备、汽车等行业中对轻质、耐热、高强、可变形加工、可热处理及变形强化材料的需求。然而，经过30多年的研究，仍然存在诸多问题，如：制备工艺不稳定；增强相均匀分布难以获得理想的强度与塑性指标；仍然停留在实验室研究阶段，应用开发空缺，亟待形成研发－应用－发展的良性循环。因此，针对钛基复合材料今后可从以下几个方面进行开展：

（1）结合现有基础，制备高弹性、高耐磨性、高强韧性、耐高温、高强度等系列具有不同性能特点的复合材料。如：利用高塑性的纯 Ti 对增强相割裂作用不敏感的特点，制备增强相含量较高（体积分数大于20%）的钛基复合材料，以获得高的弹性模量（>160GPa）及耐磨性能。

（2）针对具有优异综合性能的钛基复合材料，采用激光熔覆、原位自生反应等技术在钛基复合材料表面制备更耐磨、更抗氧化的涂层或梯度表面，以提高其使用寿命。

（3）在网状结构、层状结构及其参数优化的基础上，进一步优化增强相分布状态，实现钛基复合材料综合性能的大幅改善，完善组织－性能关系。

（4）采用3D打印技术，开展钛基复合材料微小构件、形状复杂构件的制备及后续处理研究，以及增强相空间分布状态调控研究。

（5）结合钛基复合材料性能特点，采用合理的焊接技术，优化焊接工艺，制备具有优异性能的钛基复合材料大尺寸或形状复杂构件，以满足其工业应用。

8.3 技术壁垒分析

钛基复合材料制备方法主要为熔铸法、自蔓延高温合成法、机械合金化法、粉末冶金法、放电等离子烧结法、放热扩散法、快速凝固法以及反应热压法，其中熔铸法、自蔓延高温合成法、机械合金化法、放电等离子烧结法、放热扩散法、快速凝固法以及反应热压法属于原位自生范畴。因此，通过总结，钛基复合材料产业的技术壁垒要素及其可能形成的原因如表8－1所示。

表 8-1 钛基复合材料技术壁垒要素及其形成原因和解决方案

技术壁垒要素	判断值	可能原因分析	可能解决方案
粉末冶金			
大尺寸构件制备困难	9.10	设备尺寸受限；工艺技术不成熟	采用大尺寸冷热等静压设备，采用后续加工；粉浆铸造，粉体锻造
复合材料制品致密度低	9.04	设备压制能力有限，烧结动力不足；基体与增强体润湿性研究不深入	采用高压设备，如热等静压方法、活化陶瓷颗粒，改善烧结工艺和增加后续加工改善；合理的合金元素或助烧剂的选择，增强体表面改性
原位自生反应			
增强相尺寸、形貌及分布难以控制	9.62	反应过程较难控制，无法实时直观控制	合金设计、工艺参数调控、装备设计相结合，优化工艺参数，统计分析组织形貌与工艺关系
增强相等体积参数受限	9.37	工艺控制不稳定，与组织关系研究不深入	改善设备工艺控制精度，结合热力学模拟分析，建立相关关系
增强体材料种类受限	8.38	原位自生增强相相关研究分散；增强相原位反应机制理论尚不深入	加深机制理论研究，引入体系热力学和动力学模拟，建立数据库；多相反应过程综合利用

8.4 共性技术壁垒

经专家们集中讨论，总结了阻碍金属基复合材料产业目标实现的共性技术壁垒要素及相关可能形成的原因和可能的解决方案，如表 8-2 所示。

表8-2 金属基复合材料共性技术壁垒要素及其形成原因和解决方案

序号	技术壁垒要素	判断值	可能原因分析	可能解决方案
1	增强体与基体之间界面控制	10	材料体系本征特点,增强体与基体性能差异;制备工艺缺乏优化、增强表面未进行预处理	基体合金化设计;增强体表面修饰、工艺改进
2	设备局限性	9.89	设备能力不足;产业规模小,规模化难度大	跨行业协同攻关
3	推动材料数据库行业/国家标准的制定	9.89	缺乏复合材料相关标准	推动标准制定,制定行业标准
4	复合材料回收利用困难	9.84	回收存在杂质,不能较好去除;复合材料成分复杂;多体系/多相材料的固有问题	采用液态离心分离技术;实行分类回收
5	复杂构件制备问题	9.58	构件缺陷控制困难	工艺优化,工艺参数严格控制
6	大型构件制备问题	9.58	设备,工艺技术问题	装备制造,引进大尺寸设备
7	缺乏复合材料结构设计控制	9.03	未进行有效搜集整理,数据较零散	建立数据库平台,形成数据共享
8	复合材料制品加工性能差、后续加工困难	8.64	增强相颗粒较难加工;硬质增强相的存在	选用较软颗粒,降低颗粒含量;复合材料近净成形技术开发,开发新型高效复合材料加工技术

8.5 研发需求分析

专家对钛基复合材料研发需求项目进行了研讨和分值判定，其统计后的等级划分和排序（顶级★、高级▲、中级●）如表8-3所示，结果确定了高级研发项目2项（8～8.75分），中级研发项目2项（7～8分）。

表8-3 广东省钛基复合材料研发项目指南

编号	研发项目	优先级	专家判定值	排序
1	高强韧钛基复合材料的开发及应用	高级▲	8.43	1
2	海洋工程用耐腐蚀钛基复合材料的开发及应用	高级▲	8.02	2
3	抗疲劳钛基复合材料的开发及应用	中级●	7.81	3
4	高效低成本钛合金加工技术及装备开发	中级●	7.81	3

通过头脑风暴法研讨并最终经过专家评定，钛基复合材料的研发需求项目时间节点排序如表8-4所示，钛基复合材料的研发需求项目皆为中期（3～10年）完成的研发项目。

表8-4 钛基复合材料研发项目实施的时间节点

时间节点	研发项目	优先级
中期 （3～10年）	高强韧钛基复合材料的开发及应用	高级▲
	海洋工程用耐腐蚀钛基复合材料的开发及应用	高级▲
	抗疲劳钛基复合材料的开发及应用	中级●
	高效低成本钛合金加工技术及装备开发	中级●

8.6 研发项目描述

钛基复合材料研发需求项目的风险性分析结果如表8-5所示，钛基复合材料研发需求项目的风险等级皆为中等。

表 8-5　钛基复合材料研发项目实施的风险性

优先级	研发项目	风险等级
高级▲	高强韧钛基复合材料的开发及应用	中等风险
高级▲	海洋工程用耐腐蚀钛基复合材料的开发及应用	
中级●	抗疲劳钛基复合材料的开发及应用	
中级●	高效低成本钛合金加工技术及装备开发	

对钛基复合材料研发需求项目进行研发组织主体分析和技术发展模式分析。钛基复合材料研发需求项目研发组织主体分析如表 8-6 所示。结果表明，钛基复合材料研发需求项目的研发主体为企业、产业和政府三者共同联合的产学研架构。

表 8-6　钛基复合材料研发项目研发组织主体分析

优先级	研发项目	企业	产业	政府	研发主体
高级▲	高强韧钛基复合材料的开发及应用	36%	36%	28%	产学研三者共同主导
高级▲	海洋工程用耐腐蚀钛基复合材料的开发及应用	24%	40%	36%	
中级●	抗疲劳钛基复合材料的开发及应用	32%	48%	20%	
中级●	高效低成本钛合金加工技术及装备开发	35%	50%	15%	

钛基复合材料技术发展模式的分析结果表明，钛基复合材料研发项目技术发展模式以国内技术合作为主，如表 8-7 所示。

表 8-7　钛基复合材料研发项目技术发展模式分析

时间节点	研发项目	技术发展模式
中期 （3～10 年）	▲高强韧钛基复合材料的开发及应用 ▲海洋工程用耐腐蚀钛基复合材料的开发及应用 ●抗疲劳钛基复合材料的开发及应用 ●高效低成本钛合金加工技术及装备开发	国内技术合作

钛基复合材料目前主要关注的性能应用方向是高强韧、耐高温、耐腐蚀和抗疲劳，然而目前从性价比上看，在广东省要投入工业应用仍存在较大的一段距离，研发项目所需时间普遍较长，未来10年需以技术合作的发展模式，通过政府、产业和企业三者结合加以实现。

参考文献

[1] Zhang E L, Zeng G, Zeng S Y. Oxidation behavior of in situ TiB shortfibre reinforced Ti-6Al-1.2B alloy in air [J]. Journal of Materials Science, 2002, 37: 4063 – 4069.

[2] Tamirisakandala S, Bhat R B, Tiley J S. Grain refinement of cast titanium alloys via trace boron addition [J]. Scripta Materialia, 2005, 53 (12): 1421 – 1426.

[3] Zhang Z G, Qin J N, Zhang Z W. Microstructure effect on mechanical properties of in situ synthesized titanium matrix composite reinforced with TiB and La_2O_3 [J]. Materials Letters, 2010, 64: 361 – 363.

[4] Balasubramanian M, Jayabalan M, Balasubramanian V. Optimizing pulsed current parameters to minimize corrosion rate in gas tungsten arc welded titanium alloy [J]. International Journal of Advanced Manufacture Technology, 2008, 39: 474 – 481.

[5] Balasubramanian M, Jayabalan V, Balasubramanian V. Effect of pulsed current gas tungsten arc welding parameter on microstructure of titanium alloy welds [J]. Journal of Manufacturing Science and Engineering—Transactions of the ASME, 2009, 131: 064502.

[6] 库尔兹 W, 费希尔 D J. 凝固原理 [M]. 4版. 李建国, 胡侨丹, 译. 北京: 高等教育出版社, 2010.

[7] Tjong S C, Ma Z Y. Microstructure and mechanical characteristics of in situ metal matrix composites [J]. Materials Science and Engineering, Reports, 2000, R29: 49 – 113.

[8] Ranganath S. A review on particulate-reinforced titanium matrix composites [J]. Journal of Materials Science, 1997, 32: 1 – 16.

[9] Mao X N, Zeng Q P, Lu F. The oxidizing behavior of TiC particle reinforced Ti matrix composite [J]. Rare Metal and Engineering, 1997, 26 (1): 35 – 39.

[10] Roman L, Krishnamurthy S, Miracle D B. Fiber-matrix interfacial behavior in SiC-titanium alloy composites [C]. Titanium'92 Science and Technology, 1992: 2545–2551.

[11] Chan K S, Davidson D L. Effects interfacial strength on fatigue crack growth in a fiber reinforced Ti-alloy composite [J]. Metallurgical and Materials Transactions A, 1990, 21A: 1603–1612.

[12] Loretto M H, Konitze D G. The effect of matrix reinforcement reaction on fracture in Ti-6Al-4V base composites [J]. Metallurgical and Materials Transactions A, 1990, 21A (6): 1579–1587.

[13] Konitzer D G, Loretto M H. Microstructure assessment of Ti-6Al-4V-TiC metal matrix composites [J]. Acta Metallurgica et Materialia, 1989, 37 (2): 397–406.

[14] Choi S K, Chandrosekaran M, Brabers M J. Interaction between titanium and SiC [J]. Journal of Materials Science, 1990, 25 (4): 1957–1964.

[15] 李四清, 刘瑞民, 马济民, 等. 钛化物颗粒增强钛基复合材料的组织和性能 [J]. 航空材料学报, 1997, 17 (3): 51–56.

[16] Peng H X, Fan Z, Mudher D S, et al. Microstructures and mechanical properties of engineered short fibre reinforced aluminium matrix composites [J]. Materials Science and Engineering A, 2002, 335: 207–216.

[17] Patel V V, El-Desouky A, Garay J E, et al. Pressure-less and current-activated pressure-assisted sintering of titanium dual matrix composites: effect of reinforcement particle size [J]. Materials Science and Engineering A, 2009, 507: 161–166.

[18] Huang L J, Geng L, Li A B, et al. In situ TiB_w/Ti-6Al-4V composites with novel reinforcement architecture fabricated by reaction hot pressing [J]. Scripta Materialia, 2009, 60 (11): 996–999.

[19] Huang L J, Wang S, Dong Y S, et al. Tailoring a novel network reinforcement architecture exploiting superior tensile properties of in situ TiB_w/Ti composites [J]. Materials Science and Engineering A, 2012, 545: 187–193.

[20] Tjong S C, Mai Y W. Processing structure property aspects of particulate and whisk-

er reinforced titanium matrix composites [J]. Composites Science and Technology, 2008, 68: 583 – 601.

[21] 曲选辉, 肖平安, 祝宝军. 高温钛合金和颗粒增强钛基复合材料的研究和发展 [J]. 稀有金属材料与工程, 2001, 30: 161 – 165.

[22] 吕维洁, 张荻. 原位合成钛基复合材料的制备、微结构及力学性能 [M]. 北京: 高等教育出版社, 2005.

[23] Chawla N, Chawla K K. Metal matrix composites [M]. New York: Springer, 2006.

[24] Subrahmanyam J, Vijayakumar M. Self-propagating high-temperature synthesis [J]. Journal of Materials Science, 1992, 27 (23): 6249 – 6273.

[25] 曹磊. 熔铸法制备 TiC/Ti-6A1-4V 复合材料组织与力学性能研究 [D]. 哈尔滨: 哈尔滨工业大学, 2010.

[26] Chrysanthou A, Chen Y K, Vijayan A, et al. Combustion synthesis and subsequent sintering of titanium matrix composites [J]. Journal of Materials Science, 2003, 38 (9): 2073 – 2077.

[27] Handtrack D, Despang F, Sauer C, et al. Fabrication of ultra-fined grained and dispersion-strengthened titanium materials by spark plasma sintering [J]. Materials Science and Engineering A, 2006, 437: 423 – 429.

[28] Tjong S C, Chen H. Nanocrystalline materials and coatings [J]. Materials Science and Engineering R, 2004, 45: 1 – 88.

[29] 倪丁瑞. 反应热压 (TiB + TiC) /Ti 复合材料的制备及力学性能研究 [D]. 哈尔滨: 哈尔滨工业大学, 2007.

[30] Kampe S L, Chrisrodoulou J, Feng C R, et al. The effect of matrix microstructure and reinforcements shape on the creep deformation of near titanium aluminide composites [J]. Acta Materialia, 1998, 46 (8): 2881 – 2894.

[31] 陈茂爱, 陈俊华, 高进强. 复合材料的焊接 [M]. 北京: 化学工业出版社, 2005.

[32] Craig B. Rapid infrared welding developed for Ti composites [J]. Advanced Materials and Processes, 1996, 150: 13 – 17.

[33] Ma Z Y. Friction stir processing technology: a review [J]. Metallurgical and Mate-

rials Transactions A, 2008, 39A: 642-658.

[34] Leary R K, Mersonb E, Birmingham K, et al. Microstructural and microtextural analysis of interpulse GTCAW welds in C_p-Ti and Ti-6A1-4V [J]. Materials Science and Engineering A, 2010, 527: 7694-7705.

[35] Dearnley P A. Evaluation of principal wear mechanism of cemented carbides and ceramics used for machining titanium alloys and IMI-318 [J]. Material Sciences and Technology, 1986, 2: 47-58.

[36] 章宇. 钛基复合材料铣削刀具磨损研究 [D]. 长沙: 中南大学, 2013.

[37] 李长河, 修世超, 蔡光起. 高速高效磨削加工及其关键技术 [J]. 金刚石与磨料磨具工程, 2004, 4: 16-21.

[38] 张电丛, 李蓓智, 张家梁, 等. 钛合金高速外圆磨削的温度特征实验研究 [J]. 组合机床与自动化加工技术, 2013, 7: 16-21.

[39] 盛晓敏, 唐昆, 余剑武, 等. TC$_4$钛合金超高速磨削工艺试验研究 [J]. 湖南大学学报: 自然科学版, 2008, 9: 28-32.

[40] Huang J. Infrared infiltration and bonding of titanium matrix composites [J]. Titanium Progress, 1995, 1: 1-8.

[41] Chesnutt J C, Wulin C. Titanium aluminides for advanced aircraft engines [J]. Defense & Aerospace, 1990, 8: 509-517.

[42] Zhang X. Cost-effective manufacture of particulate reinforced titanium matrix composites [C]. American Society for Composites, 2002, 7-11.

[43] 曾泉浦. 颗粒强化钛基复合材料研究取得新进展 [J]. 钛工业进展, 1994, 4: 839-845.

[44] 李棣泉, 梁振锋. 颗粒增强钛基复合材料复合方法的研究 [J]. 钛工业进展, 1997, 2: 16-20.

9 广东省金属基复合材料产业技术路线图（综合版）

9.1 广东省金属基复合材料产业分领域技术路线图

2018—2028年广东省金属基复合材料产业分领域表格版技术路线图见表9-1。2018—2028年广东省金属基复合材料产业分领域图形版技术路线图见图9-1（见插页）。

表9-1 2018—2028广东省金属基复合材料产业分领域表格版技术路线图

项目	<3年	3～10年
市场需求	**钢铁基复合材料：** 矿山、建筑等行业对抗冲击磨损钢铁基复合材料产品的需求； 水泥电力等行业对大规格高应力磨料磨损工况下钢铁基复合材料构件的需求； 外加颗粒增强钢铁基复合材料的市场需求； 钢铁基复合材料对高强韧陶瓷颗粒的需求 **铝基复合材料：** LED电子封装对低膨胀、高导热铝基复合材料的需求； 轨道交通、汽车对轻质耐磨颗粒增强铝基复合材料的需求 **铜基复合材料：** 电力行业对高性能真空开关触头铜基复合材料的需求； 高速列车刹车片对铜基复合材料及其粉末冶金技术的需求； 汽车电阻焊电极对氧化铝弥散强化铜合金材料的需求	**钢铁基复合材料：** 海洋工程对抗冲刷磨损的复合管道产品的需求； 高效低成本制造陶瓷颗粒增强钢铁基复合材料的装备需求 **铝基复合材料：** 低成本高性能铝基复合材料制备技术的需求； 航空航天领域对轻质高强高模量铝基复合材料的需求； 高效高稳定性铝基复合材料制造装备的需求 **镁基复合材料：** 高比强高阻尼镁基复合材料在工程工具方面的应用需求 **铜基复合材料：** 风力发电机组、高铁接触线对高导耐磨铜基复合材料的需求； 航空高效能发动机对自润滑铜基复合材料的需求； 航空航天、微电子领域对高导热铜基复

续上表

项目	<3 年	3～10 年
市场需求		合材料的需求 **钛基复合材料：** 　航空航天对高强韧、高耐热和抗疲劳钛基复合材料的需求； 　海洋工程装备对耐蚀钛基复合材料的需求； 　石油化工领域对耐蚀钛基复合材料的需求
产业目标	**钢铁基复合材料：** 　开发高抗冲击磨损性钢铁基复合材料，推进其在矿山、建筑领域的应用； 　开发高抗应力磨料磨损性钢铁基复合材料，推进其在水泥、电力等领域的应用； 　开发新型外加颗粒增强钢铁基复合材料，推广其应用领域； 　开发高强韧陶瓷颗粒及其在钢铁基复合材料领域的应用技术 **铝基复合材料：** 　推进高导热、高模量铝基复合材料在LED电子封装领域的应用； 　高耐磨性颗粒增强铝基复合材料的系列化和产业化 **铜基复合材料：** 　开发新一代大功率真空开关触头铜基复合材料及其制备技术，扩大其在电力行业中的应用； 　国产氧化铝弥散强化铜合金材料的系列化和产业化	**钢铁基复合材料：** 　开发高抗冲刷磨损性钢铁基复合材料，推进其在海洋工程装备领域的应用； 　开发高效钢铁基复合材料加工装备 **铝基复合材料：** 　降低铝基复合材料的制造成本； 　开发航空航天用轻质高强铝基复合材料； 　提高铝基复合材料加工装备的效率和稳定性 **镁基复合材料：** 　开发镁基复合材料规模制造技术，拓展其应用领域 **铜基复合材料：** 　提高粉末冶金铜基复合材料的摩擦磨损性能，扩大其在高速列车刹车片和风力发电机组上的应用； 　开发自润滑铜基复合材料并实现其在高效能航空发动机领域的应用； 　提高铜基复合材料的导热性，扩大其在航空航天、微电子领域的应用 **钛基复合材料：** 　提高钛基复合材料的强韧性、耐热性和抗疲劳性能，拓展其在航空航天领域的应用； 　提高钛基复合材料的耐蚀性能，实现其在石油化工、海洋工程领域的应用

续上表

项目	<3年	3～10年
技术壁垒	**搅拌法：** 　　比表面积大的增强颗粒分散性差，易团聚，难以制备高体分复合材料；缺乏高效的成套制备装备；增强颗粒的选择受基体材料限制，增强颗粒与基体之间存在界面反应问题；凝固过程中的组织缺陷控制 **压力/无压浸渗：** 　　预制体质量差、开裂导致无增强相存在；预制体孔道联通性及其尺寸可控性差；缺乏复杂、大型形状构件制备技术；缺乏准确的预制体评价技术 **喷射沉积：** 　　喷射沉积制品的致密度低；复杂构件制备困难；工艺控制与制备装备问题 **粉末冶金：** 　　大尺寸构件制备困难；复合材料制品致密度低；均匀性问题 **原位自生反应：** 　　增强相尺寸、形貌及分布难以控制；增强体材料种类受限；增强相等体积参数受限	
研发需求	**钢铁基复合材料：** 　★抗冲击磨损钢铁基复合材料制备技术及应用 　★磨损工况下钢铁基复合材料制备技术及应用 　▲高强度陶瓷预制体结构设计与高效制备技术 　●高强韧陶瓷颗粒在钢铁基复合材料中的应用技术 　●钢铁基复合材料构件的堆焊修复技术与应用 **铝基复合材料：** 　★LED电子封装用高导热、高模量铝基复合材料制备技术 　▲高耐磨性颗粒增强铝基复合材料的产业化技术研究 **铜基复合材料：** 　★高速列车刹车片用耐磨铜基复合材料开发及粉末冶金制备技术研究 　▲新一代大功率高压开关触头铜基复合材料制备技术及应用 　▲高强高导氧化铝弥散强化铜基复合材料的研发及产业化	**钢铁基复合材料：** 　★海洋工程装备用高抗冲刷磨损性制备技术开发 　▲高效低成本钢铁基复合材料制造成套装备开发 **铝基复合材料：** 　★航天领域用轻质高强铝基复合材料开发及应用 　★高效低成本铝基复合材料加工装备开发 　●铝基复合材料的再生与回收技术及装备开发 **镁基复合材料：** 　●高强度镁基复合材料的开发与应用技术研究 **铜基复合材料：** 　▲高效能航空发动机用自润滑铜基复合材料开发 　▲高导热性铜基复合材料的开发及应用研究 　●风力发电机组用高耐磨性铜基复合材料开发与产业化 **钛基复合材料：** 　▲高强韧钛基复合材料的开发及应用

市场需求

钢铁基复合材料	铝基复合材料	镁基复合材料	铜基复合材料	钛基复合材料	钢铁基复合材料	铝基复合材料	铜基复合材料	钢铁基复合材料	铝基复合材料
矿山、建筑、水泥、电力等行业高应力、抗冲击磨损产品；海洋工程抗冲刷磨损复合管道产品	航空航天领域轻质高强高模量材料；轨道交通、汽车轻质耐磨材料；LED电子封装低膨胀、高导热材料	比强高阻尼工程工具方面的应用需求	电力行业高性能真空开关触头材料；航空航天、微电子领域高导热材料；汽车电阻焊电极、风力发电机组、高铁接触线高导耐磨材料；航空高效能发动机自润滑材料；高速列车刹车片	航空航天高强韧、高耐热和抗疲劳材料；海洋工程装备、石油化工领域耐蚀材料	外加颗粒增强钢铁基复合材料的市场需求；钢铁基复合材料对高强韧陶瓷颗粒的需求	低成本高性能制备技术的需求	粉末冶金技术改进的需求	高效低成本制造陶瓷颗粒增强钢铁基复合材料制造装备的需求	高效高稳定性铝基复合材料制造装备的需求

产业目标

钢铁基复合材料	铝基复合材料	镁基复合材料	铜基复合材料	钛基复合材料	钢铁基复合材料	铝基复合材料	铜基复合材料	钢铁基复合材料	铝基复合材料
开发高抗冲击磨损性、高抗应力磨料磨损性和高抗冲刷磨损性的钢铁基复合材料，推进其在矿山、建筑、水泥、电力等领域的应用，海洋工程装备的应用	航空航天用轻质高强铝基复合材料；推进高导热、高模量铝基复合材料在LED电子封装领域的应用	开发镁基复合材料规模制造技术，拓展其应用领域	提高其摩擦磨损性能，扩大其在高速列车刹车片和风力发电机组上的应用；提高其导热性，扩大其在航空航天、微电子领域的应用；开发自润滑铜基复合材料并实现其在高效能航空发动机领域的应用	提高钛基复合材料的强韧性、耐热性、抗疲劳性能和耐蚀性能，拓展其在航空航天、石油化工、海洋工程领域的应用	开发新型外加颗粒增强钢铁基复合材料，推广其应用领域	降低铝基复合材料的制造成本；高耐磨性颗粒增强铝基复合材料的系列化和产业化	开发新一代大功率真空开关触头铜基复合材料及其制备技术，扩大其在电力行业中的应用；国产氧化铝弥散强化铜合金材料的系列化和产业化	高效低成本制造陶瓷颗粒增强钢铁基复合材料的装备需求	高效高稳定性铝基复合材料制造装备的需求

共性技术壁垒

- 增强体与基体之间界面控制；缺乏复合材料结构设计控制；推动材料数据库行业/国家标准的制定
- 复合材料制品加工性能差、后续加工困难；复杂构件及大型构件制备问题
- 设备局限性；复合材料回收利用困难

研发需求

优先级 顶级★，高级▲，中级●

钢铁基复合材料	铝基复合材料	镁基复合材料	铜基复合材料	钛基复合材料	钢铁基复合材料	铝基复合材料	铜基复合材料	钢铁基复合材料	铝基复合材料	铜基复合材料
★抗冲击磨损钢铁基复合材料制备技术及应用；★磨损工况下钢铁基复合材料制备技术及应用；★海洋工程装备用高抗冲刷磨损性制备技术开发	★航天领域用轻质高强铝基复合材料开发	●高强度镁基复合材料的开发与粉末冶金制备技术研究	★高速列车刹车片用耐磨铜基复合材料开发及应用；▲高效能航空发动机用自润滑铜基复合材料开发；▲高导热性铜基复合材料的开发及应用研究	▲高强韧钛基复合材料的开发及应用；●海洋工程用耐腐蚀钛基复合材料的开发及应用；●抗疲劳钛基复合材料的开发及应用	▲高强度陶瓷预制体结构设计与制备技术；●高强韧陶瓷颗粒在钢铁基复合材料中的应用技术；●钢铁基复合构件的堆焊修复技术与应用	★LED电子封装用高导热、高模量铝基复合材料制备技术；▲高耐磨性颗粒增强铝基复合材料的产业化技术研究	▲新一代大功率高压开关触头铜基复合材料制备及应用；▲高强高导氧化铝弥散强化铜基复合材料的研发及产业化；●风力发电机组用高耐磨性铜基复合材料开发与产业化	▲高效低成本钢铁基复合材料制造成套装备开发	★高效低成本铝基复合材料加工装备开发；●铝基复合材料的再生与回收技术及装备开发	●高效低成本钛合金加工技术及装备开发

产业链

设计与开发 → 制备工艺 → 生产装备 → 应用技术

- 设计与开发：●钢铁基复合材料 ●铝基复合材料 ●镁基复合材料 ●铜基复合材料 ●钛基复合材料
- 制备工艺：●一体化制备与成形 ●规模化连续生产
- 生产装备：●精密加工 ●表面处理
- 应用技术：●性能、功能及寿命评价
- 净成形

应用领域

航空航天、汽车、轨道交通、电子及电力、核储存、矿山机械、体育休闲

图9-2 广东省金属基复合材料产业链图形版技术路线图

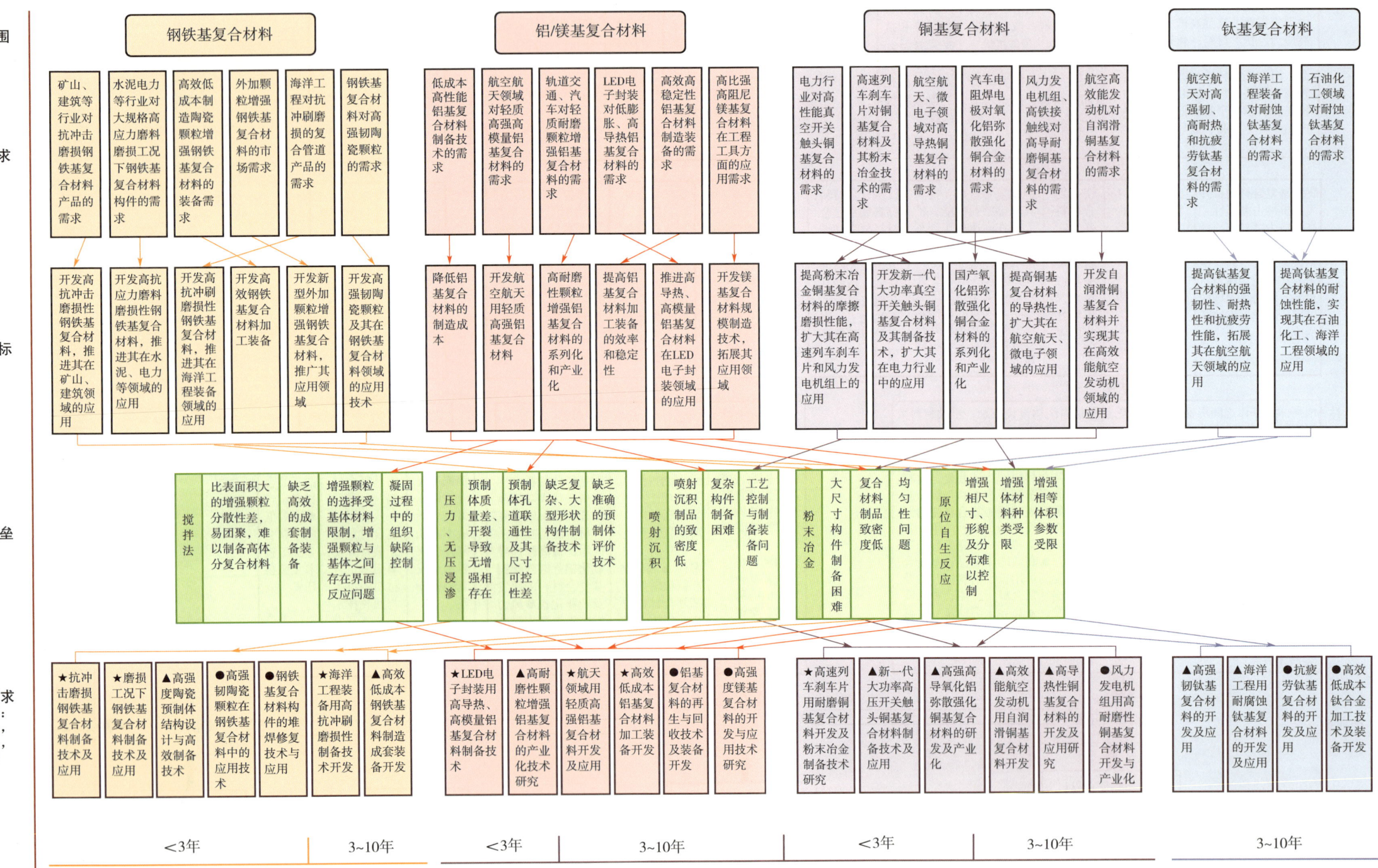

图9-1 2018—2028年广东省金属基复合材料产业分领域图形版技术路线图

续上表

项目	<3 年	3～10 年
研发需求		▲海洋工程用耐腐蚀钛基复合材料的开发及应用 ●抗疲劳钛基复合材料的开发及应用 ●高效低成本钛合金加工技术及装备开发

注：研发需求优先级，★表示顶级，▲表示高级，●表示中级。

9.2 广东省金属基复合材料产业链技术路线图

广东省金属基复合材料产业链表格版技术路线图见表9-2。广东省金属基复合材料产业链图形版技术路线图见图9-2（见插页）。

表9-2 广东省金属基复合材料产业链表格版技术路线图

项目	设计与开发	制备工艺	生产装备
市场需求	**钢铁基复合材料：** 　矿山、建筑、水泥电力等行业高应力、抗冲击磨损产品；海洋工程抗冲刷磨损复合管道产品 **铝基复合材料：** 　航空航天领域轻质高强高模量材料；轨道交通、汽车轻质耐磨材料；LED电子封装低膨胀、高导热材料 **镁基复合材料：** 　高比强高阻尼工程工具方面的应用需求 **铜基复合材料：** 　电力行业高性能真空开关触头；航空航天、微电子领域高导热材料；汽车电阻焊电极；风力发电机组、高铁接触线高导耐磨材料；航空高效能发动机自润滑材料；高速列车刹车片 **钛基复合材料：** 　航空航天高强韧、高耐热和抗疲劳材料；海洋工程装备、石油化工领域耐蚀材料	**钢铁基复合材料：** 　外加颗粒增强钢铁基复合材料的市场需求；钢铁基复合材料对高强韧陶瓷颗粒的需求 **铝基复合材料：** 　低成本高性能制备技术的需求 **铜基复合材料：** 　粉末冶金技术改进的需求	**钢铁基复合材料：** 　高效低成本制造陶瓷颗粒增强钢铁基复合材料的装备需求 **铝基复合材料：** 　高效高稳定性铝基复合材料制造装备的需求

续上表

项目	设计与开发	制备工艺	生产装备
产业目标	**钢铁基复合材料：** 　　开发高抗冲击磨损性、高抗应力磨料磨损性和高抗冲刷磨损性的钢铁基复合材料，推进其在矿山、建筑、水泥、电力等领域的应用，海洋工程装备的应用 **铝基复合材料：** 　　开发航空航天用轻质高强铝基复合材料；推进高导热、高模量铝基复合材料在LED电子封装领域的应用 **镁基复合材料：** 　　开发镁基复合材料规模制造技术，拓展其应用领域 **铜基复合材料：** 　　提高其摩擦磨损性能，扩大其在高速列车刹车片和风力发电机组上的应用；提高其导热性，扩大其在航空航天、微电子领域的应用；开发自润滑铜基复合材料并实现其在高效能航空发动机领域的应用 **钛基复合材料：** 　　提高钛基复合材料的强韧性、耐热性、抗疲劳性能和耐蚀性能，拓展其在航空航天、石油化工、海洋工程领域的应用	**钢铁基复合材料：** 　　开发新型外加颗粒增强钢铁基复合材料，推广其应用领域；开发高强韧陶瓷颗粒及其在钢铁基复合材料领域的应用技术 **铝基复合材料：** 　　降低铝基复合材料的制造成本；高耐磨性颗粒增强铝基复合材料的系列化和产业化 **铜基复合材料：** 　　开发新一代大功率真空开关触头铜基复合材料及其制备技术，扩大其在电力行业中的应用；国产氧化铝弥散强化铜合金材料的系列化和产业化	**钢铁基复合材料：** 　　高效低成本制造陶瓷颗粒增强钢铁基复合材料的装备需求 **铝基复合材料：** 　　高效高稳定性铝基复合材料制造装备的需求
共性技术壁垒	增强体与基体之间界面控制；缺乏复合材料结构设计控制；推动材料数据库行业/国家标准的制定	复合材料制品加工性能差、后续加工困难；复杂构件及大型构件制备问题	设备局限性；复合材料回收利用困难
研发需求	**钢铁基复合材料：** 　　★抗冲击磨损钢铁基复合材料制备技术及应用 　　★磨损工况下钢铁基复合材料制备技术及应用 　　★海洋工程装备用高抗冲刷磨损性	**钢铁基复合材料：** 　　▲高强度陶瓷预制体结构设计与高效制备技术 　　●高强韧陶瓷颗粒在钢铁基复合材料	**钢铁基复合材料：** 　　▲高效低成本钢铁基复合材料制造成套装备开发 **铝基复合材料：** 　　★高效低成本铝基复

续上表

项目	设计与开发	制备工艺	生产装备
研发需求	制备技术开发 **铝基复合材料：** ★航天领域用轻质高强铝基复合材料开发及应用 **镁基复合材料：** ●高强度镁基复合材料的开发与应用技术研究 **铜基复合材料：** ★高速列车刹车片用耐磨铜基复合材料开发及粉末冶金制备技术研究 ▲高效能航空发动机用自润滑铜基复合材料开发 ▲高导热性铜基复合材料的开发及应用研究 **钛基复合材料：** ▲高强韧钛基复合材料的开发及应用 ▲海洋工程用耐腐蚀钛基复合材料的开发及应用 ●抗疲劳钛基复合材料的开发及应用	中的应用技术 ●钢铁基复合材料构件的堆焊修复技术与应用 **铝基复合材料：** ★LED电子封装用高导热、高模量铝基复合材料制备技术 ▲高耐磨性颗粒增强铝基复合材料的产业化技术研究 **铜基复合材料：** ▲新一代大功率高压开关触头铜基复合材料制备技术及应用 ▲高强高导氧化铝弥散强化铜基复合材料的研发及产业化 ●风力发电机组用高耐磨性铜基复合材料开发与产业化	合材料加工装备开发 ●铝基复合材料的再生与回收技术及装备开发 **钛基复合材料：** ●高效低成本钛合金加工技术及装备开发。

注：研发需求优先级，★表示顶级，▲表示高级，●表示中级。

附录 1

参与本路线图制定工作的专家

核心专家组名单（按姓氏笔画为序）

王　磊　刘一雄　李　周　李志强　何新波　宋克兴　张　洋
张博明　陈维平　武高辉　赵海东　柳瑞清　姚萍屏　耿　林
聂俊辉　黄陆军　魏华光

专家名单（按姓氏笔画为序）

王顺成　王振明　王晓军　王继成　方　方　丘秉焱　朱德智
农　登　孙丽娟　严文纪　李达人　李艳杰　李继林　杨东亮
邱　岳　何新波　宋东福　张东平　陆冠华　陈　峰　陈　就
林迈里　林洪山　胡　权　段宗伟　秦晓健　徐　豪　黄正华
彭　忠　韩　星　曾　群　廖永添　廖禄泰

附录 2

广东省金属基复合材料产业技术创新联盟简介

广东省金属基复合材料产业技术创新联盟是应广东省金属基复合材料专业学习推广、新型技术及材料的科技研究、创新性产品的产业化需求而建立的，围绕教育、科研、产业，紧密联系金属基复合材料产业上下游企事业单位、高校形成的创新性综合平台。广东省金属基复合材料产业技术创新联盟以广东省材料与加工研究所牵头，联合国内金属基复合材料领域重点高校（4家）、科研机构、行业龙头、骨干企业（10家），共同推进金属基复合材料产业的技术创新。

联盟以广东省金属基复合材料产业技术路线图为依据，以企业的发展需求和各方的共同利益为基础，以提升产业技术创新能力为目标，借助高校与科研院所的科研实力，围绕金属基复合材料产业技术创新的共性和关键问题，开展技术合作，突破产业发展的核心技术，形成产业技术标准；建立公共技术平台，实现创新资源的有效分工与合理衔接，实行知识产权共享；实施技术转移，加速科技成果的商业化运用，提升产业整体竞争力，促进产业结构优化升级，实现节能（节材）减排；联合培养人才，加强人员的交流互动，支撑国家和广东核心竞争力的有效提升，以期实现广东省金属基复合材料产业技术向国际先进水平迈进的愿望目标。

附录 3

广东省材料与加工研究所简介

广东省材料与加工研究所成立于 2015 年 7 月，现隶属于广东省科学院，由原广州有色金属研究院金属加工与成形技术研究所与粉末冶金研究所联合组建而成。主要从事粉末冶金材料、金属基复合材料、铝镁铜钛有色金属材料、先进成形加工技术及装备的研发、设计和工程化应用等工作。围绕国家、省市对关键材料技术的迫切需求，以应用基础研究、技术创新和工程应用的综合集成为特色，形成了以粉体制备与改性、耐磨及复合材料、高性能铝镁铜钛有色金属材料、零件近净成形制造、短流程成形技术及相关装备研发等多个特色研究方向。研究所是华南地区材料成形与加工的应用基础理论研究、技术创新和工程化应用示范基地，同时也是华南地区重要的人才培养和学术交流基地。

依托研究所建有国家钛及稀有金属粉末冶金工程技术研究中心，广东省金属强韧化技术与应用重点实验室等 9 个科技创新平台，粉体材料事业部、耐磨合金事业部、研粉末冶金事业部、电工材料事业部等 4 个事业部以及广州有色金属研究院新丰耐磨合金材料有限公司等 5 个产业基地；拥有各类大型仪器设备 180 多台套，1 万多平方米的应用基础研究和中试化生产基地。研究所迄今先后承担完成国家和省市 100 余项科研课题，项目累计经费过亿元。获省部级奖励 20 余项，其中国家科技进步二等奖 1 项，省部级科技进步一等奖 6 项、二等奖 9 项。授权国家发明专利 30 余件，发表学术论文 500 余篇，出版论著 4 部。近年来，研究所取得了一批高水平、具有自主知识产权的研究成果，开发的技术和产品广泛应用于汽车、轨道交通、船舶、电子电器、矿山、建筑、水泥、电力、冶金等行业，产生了显著的经济和社会效益，在推动行业技术进步、人才培养、学术交流等方面为国家和省市做出了重要贡献。

致 谢

《广东省金属基复合材料产业技术路线图》出版之际，我们真挚地对关心、支持和鼓励我们的领导、专家以及参与路线图制定工作的同志们表达感谢之情。

广东省科学技术厅、财政厅为本路线图项目提供了启动基金和大力支持。近年来，广东省科学技术厅较早在国内提出和支持制定产业技术路线图，总结出技术路线图的制定思路和方法，积累了经验，为本技术路线图的制定提供了借鉴和创造了条件。与此同时，广东省材料与加工研究所以路线图项目为牵引适时推动组建了广东省行业性技术创新组织"广东省金属基复合材料产学研技术创新联盟"，开放性吸纳省内外金属基复合材料产业相关的企业、研究院所和高校研发团队等，有力推动了广东省金属基复合材料产业技术创新工作，促进了广东省金属基复合材料产业发展。

本路线图的制定工作得到了省内外众多企业、高校、研究院所的大力支持和广泛合作。正是这些单位的专家怀着对广东省金属基复合材料产业强烈的使命感和责任心，经过缜密与充分的思考以及研讨，使得本路线图基本上摸清了广东省金属基复合材料产业的市场需求、产业状况和发展趋势，提出了高质量又可实际操作的产业目标，分析了广东省金属基复合材料所面临的主要技术壁垒以及对应的研发需求。这些工作对指导广东省金属基复合材料产业健康、快速地发展具有深远的意义。

感谢在本路线图制定过程中付出辛勤工作的核心专家组和秘书处工作人员。他们的努力工作、无私的合作以及忘我的精神支撑整个路线图制定工作得以顺利、有序地进行，使得众多专家们的智慧得以在本路线图中展现并将推动广东省金属基复合材料产业的技术提升和产业发展。

感谢广东省省级科技计划项目（2015A080803007）的支持。

广东省金属基复合材料产业技术路线图项目工作组